Manual
Del Ministro
Para
Visitar Hospitales

MANUAL
DEL MINISTRO
PARA
VISITAR HOSPITALES

BONNY V. BANKS

STEWARD PUBLISHING

Manual del ministro para visitar hospitales
Steward Publishing, Union, NJ

Copyright 2011 por Bonny V. Banks

Publicado originalmente en inglés por Steward Publishing, Union, New Jersey, E.U.A. con el título, *Hospital Visitation Guide for Ministers*

Copyright © 2011 por Bonny V. Banks

ISBN 978-0-9796106-5-3
ISBN 0-9796106-5-6

Categoría: Ministerio Cristiano

Impreso en E.U.A.
Printed in U.S.A.

El papel utilizado en esta publicación cumple con los requisitos de American Nacional Standard para el archivado de papel de publicaciones y documentos en bibliotecas y archivos 239.48-1992.

Dedicación

Mi madre, una líder fiel a Dios,

misericordiosa y realmente hábil

Tabla de contenidos

Primera parte

Segunda parte

Protocolos generales...... 25

Cuarta parte

Los aspectos prácticos...............105

Quinta parte

Agradecimientos

Agradecimientos especiales para Ti, Padre, por Tu guía y Tu gracia infinita. Gracias a mi familia por su apoyo invaluable y su aliento. Gracias a Valentin. Gracias a todos los que visitan y oran por aquellos que están enfermos.

Prefacio

"Porque tuve hambre, y me disteis de comer; tuve sed, y me disteis de beber; fui forastero, y me recogisteis; estuve desnudo, y me cubristeis; enfermo, y me visitasteis; en la cárcel, y vinisteis a mí..[...]De cierto os digo que en cuanto lo hicisteis a uno de estos mis hermanos más pequeños, a mí lo hicisteis."

Jesucristo

Es posible, aunque bastante plausible considerar que hay algo especial en Dios en cuanto al cuidado de aquellos que sufren. En todos nuestros emprendimientos espirituales y avances hacia la marca, como menciona el gran Apóstol Pablo, nos damos cuenta que llegar al gran llamado del que habla el apóstol requiere que profundicemos nuestras vidas en Jesucristo. Como obreros de Dios, renacidos en Jesucristo y preparados para las buenas obras, caminamos cumpliendo los requerimientos de fidelidad y amor, que demostramos poniendo por obra los grandes mandamientos. Realmente somos los cuidadores de nuestros hermanos. *"La religión pura y sin mácula delante de Dios el Padre es esta: Visitar a los huérfanos y a las viudas en sus tribulaciones, y guardarse sin mancha del mundo" (Santiago 1:27).*

Jesús, el primogénito entre muchos hermanos y nuestro gran ejemplo, visitó a los enfermos y los muertos. Movilizado por la compasión, Jesús interrumpió, o al menos eso parece, muchos de sus viajes para ministrar a los enfermos en cuerpo y alma. Muchas veces Jesús se acercaba a aquellos que no lo podían ver y a aquellos que ni siquiera se atrevían a pedir por la gracia de Jesús. Inclinados, lastimados y cansados, algunos incluso habían renunciado a la lucha. Hoy, Jesús se acerca a que sufren y se encuentran desesperados, a través de nosotros, para librarlos de sus ataduras.

Introducción

"*Al llamarlos enfermos no me refiero nada más a aquellos que deben permanecer en cama, o que están enfermos en el sentido más estricto. Con ése término me refiero a todos los que se encuentran en un estado de aflicción, ya sea de la mente o del cuerpo; y sean buenos o malos, o teman o no a Dios.*"

John Wesley

Al visitar a los enfermos usted se encontrará con muchos creyentes y no creyentes también. Encontrará con gente que ama a Jesús y con gente que odia a Dios. Conocerá cristianos que están desilusionados, deprimidos y envueltos en desesperanza. Usted se encontrará mirando ojos vacíos que cuestionan la fidelidad de Dios. Los creyentes llenos de paz se alentarán mientras marchan hacia la puerta de la muerte.

Imagina tener que ser testigo del sufrimiento más allá de la capacidad de comprensión de cualquier ser humano. Anhelará acariciar a los niños, cuyos cuerpos frágiles quebrantados por la enfermedad, se quejan de su pena. Santos y pecadores fijarán sus miradas en usted buscando respuestas. ¿Está dispuesto a asumir esta tarea? Si ha respondido, "No estoy preparado/a", quizás sea la persona adecuada y madura para la misión.

Como en la antigüedad, las puertas de Betesda rodean a muchos que están resignados y resueltos a vivir con su dolencia y enfermedad, mientras su esperanza se desvanece con el paso de los días, los meses, los años y las décadas. John Wesley nos recuerda que la aflicción no tiene límites de creencia, proximidad, posición o carácter. Por eso, es nuestra tarea buscar más allá de la apariencia exterior, contemplar la imagen y la semejanza de Dios, recordar lo preciosa que es para Él cada criatura de Dios.

Jesús es el sanador, el que carga con la culpa, el que entrega la gracia insondable y el autor supremo de la paz. Nosotros sólo somos Sus mensajeros. Marchamos como embajadores representando al Rey de reyes para extender los brazos de Jesús en amor por aquellos por los que Él derramó Su preciosa sangre. Nosotros no juzgamos ni condenamos. El Apóstol Pablo pregunta, *"¿Quién es el que condenará? Cristo es el que murió; más aun, el que también resucitó, el que además está a la diestra de Dios, el que también intercede por nosotros"* *(Romanos 8:34).*

Recuerda que Dios no envió a Su Hijo a este mundo para condenar al mundo, sino para que a través de Él, el mundo se salvara (Juan 3:17). Como estudiantes del Espíritu Santo debemos dejar de lado nuestras inclinaciones y dominar nuestras nociones y emociones. Disciplinemos nuestro discernimiento para descubrir el poder ilimitado del amor y la misericordia de Dios para Su creación.

Caminemos en el amor de Dios y dejemos que sólo Dios se ocupe de las pruebas. Caminemos en la expectativa de la misericordia y gracia de Dios que sanan. Caminemos en sabiduría y mansedumbre, considerándonos a nosotros mismos para no caer, para no ofender. Que prevalezca el amor.

El amor nunca falla. El amor derrite corazones y amaina los miedos. El amor asegura. El amor es gentil. El amor enfatiza y simpatiza. El amor acepta. El amor habla y el amor calla. El amor ora para que todos los presentes puedan entender.

El amor difiere a la sabiduría. El amor difiere en sí mismo.

Escrituras para la sanidad

"Ciertamente llevó él nuestras enfermedades, y sufrió nuestros dolores; y nosotros le tuvimos por azotado, por herido de Dios y abatido. Mas él herido fue por nuestras rebeliones, molido por nuestros pecados; el castigo de nuestra paz fue sobre él, y por su llaga fuimos nosotros curados."

Isaías 53:4-5

"Bendice, alma mía, a Jehová, Y no olvides ninguno de sus beneficios. El es quien perdona todas tus iniquidades, El que sana todas tus dolencias;"

Salmo 103:2-3

"Quien llevó él mismo nuestros pecados en su cuerpo sobre el madero, para que nosotros, estando muertos a los pecados, vivamos a la justicia; y por cuya herida fuisteis sanados."

1 Pedro 2:24

" El Espíritu del Señor está sobre mí, Por cuanto me ha ungido para dar buenas nuevas a los pobres; Me ha enviado a sanar a los quebrantados de corazón; A pregonar libertad a los cautivos, Y vista a los ciegos; A poner en libertad a los oprimidos;"

Lucas 4:18

"Respondió el centurión y dijo: Señor, no soy digno de que entres bajo mi techo; solamente di la palabra, y mi criado sanará."

Mateo 8:8

"Entonces Jesús dijo al centurión: Ve, y como creíste, te sea hecho. Y su criado fue sanado en aquella misma hora."

Mateo 8:13

"Jesucristo es el mismo ayer, y hoy, y por los siglos."

Hebreos 13:8

"Recorría Jesús todas las ciudades y aldeas, enseñando en las sinagogas de ellos, y predicando el evangelio del reino, y sanando toda enfermedad y toda dolencia en el pueblo."

Mateo 9:35

"Sáname, oh Jehová, y seré sano; sálvame, y seré salvo; porque tú eres mi alabanza."

Jeremías 17:14

"Jehová Dios mío, a ti clamé, y me sanaste."

Salmo 30:2

Envió su palabra, y los sanó, y los libró de su ruina."

Salmo 107:20

"Mas yo haré venir sanidad para ti, y sanaré tus heridas, dice Jehová;"

Jeremías 30:17a

9

"¿Está alguno enfermo entre vosotros? Llame a los ancianos de la iglesia, y oren por él, ungiéndole con aceite en el nombre del Señor. Y la oración de fe salvará al enfermo, y el Señor lo levantará; y si hubiere cometido pecados, le serán perdonados."

Santiago 5:14-15

"Confesaos vuestras ofensas unos a otros, y orad unos por otros, para que seáis sanados. La oración eficaz del justo puede mucho."

Santiago 5:16

"Amado, yo deseo que tú seas prosperado en todas las cosas, y que tengas salud, así como prospera tu alma."

3 Juan 1:2

"Y esta es la confianza que tenemos en él, que si pedimos alguna cosa conforme a su voluntad, él nos oye. Y si sabemos que él nos oye en cualquiera cosa que pidamos, sabemos que tenemos las peticiones que le hayamos hecho."

1 Juan 5:14-15

Primera parte

Preparación

---

*"Y busqué entre ellos hombre que hiciese vallado
y que se pusiese en la brecha delante de mí,..."*

Ezequiel 22:30

"El amor es la intercesión de rodillas..."

Karen Walden

Las visitas a los hospitales comienzan en casa

Las visitas a los hospitales comienzan con las oraciones privadas por los enfermos. Al pasar tiempo orando, intercede seriamente por aquellos que sufren una enfermedad. De acuerdo a Isaías 53:5 y 1 Pedro 2:24, la voluntad de Dios es sanar. Las escrituras en 1 Juan 5:14-15 e Isaías 55:11 nos aseguran la integridad de la promesa de Dios para mantener Su palabra. Busca usted al Señor por Su Espíritu de gracia y unción mientras se prepara para visitar a los enfermos.

Por la gracia de Dios, Él puede utilizarte para ministrar la sanidad a muchas personas. Recuerda siempre el Salmo 115:1, *"No a nosotros, oh Jehová, no a nosotros, Sino a tu nombre da gloria, por tu misericordia, Por tu verdad."*

Visitar a los pacientes en los hospitales es un privilegio divino que Dios nos ha permitido tener. Cuando visita a pacientes, recuerda los siguientes procedimientos como guía, respeto, protocolo y seguridad. En 1 Corintios 14:40 el apóstol Pablo enseña que Dios es el autor de la orden. *"Pero hágase todo decentemente y con orden."*

La importancia de la oración

Antes de comenzar y en la conclusión de la visita a un hospital, siempre hay que orar por la cobertura y la protección de Dios. Al comenzar su visita, ora también para que la unción de Dios que se guíe en la elección de sus palabras. El Señor preparará a su corazón mientras buscas ser un instrumento de Su amor por aquellos a los que visita.

Es importante orar al concluir la visita para renovar su espíritu y remover todo sentimiento de opresión o pesadumbre antes de regresar a su casa o a su oficina. Comprende que la enfermedad a veces es sólo una ocurrencia física. Sin embargo, hay momentos en que la opresión y otras malarias espirituales están plagando a un individuo. Por este motivo, debe orar con seriedad para que Dios se cubra a durante la visita. También debe escuchar atentamente la guía del Espíritu Santo para la elección de sus visitas. Si duda o tiene un miedo inexplicable en cuanto a una visita en particular, evita hacerla hasta que tenga plena confianza en la guía del Espíritu Santo.

Para los que pueden ser casos difíciles, se requiere un estilo de vida de oración y ayuno. Como la opresión espiritual a veces se puede manifestar en la enfermedad física, confrontar ciertas enfermedades requiere una fe desarrollada por la consagración y el sacrificio. Considera la experiencia de los discípulos de Jesús en Mateo 17:14-21.

Cuando llegaron al gentío, vino a él un hombre que se arrodilló delante de él, diciendo: Señor, ten misericordia de mi hijo, que es lunático, y padece muchísimo; porque muchas veces cae en el fuego, y muchas en el agua. Y lo he traído a tus discípulos, pero no le han podido sanar. Respondiendo Jesús, dijo: !!Oh generación incrédula y perversa! ¿Hasta cuándo he de estar con vosotros?

¿Hasta cuándo os he de soportar? Traédmelo acá. Y reprendió Jesús al demonio, el cual salió del muchacho, y éste quedó sano desde aquella hora. Viniendo entonces los discípulos a Jesús, aparte, dijeron: ¿Por qué nosotros no pudimos echarlo fuera? Jesús les dijo: Por vuestra poca fe; porque de cierto os digo, que si tuviereis fe como un grano de mostaza, diréis a este monte: Pásate de aquí allá, y se pasará; y nada os será imposible. Pero este género no sale sino con oración y ayuno.

La fe que comienza como un grano de mostaza es una fe que se desarrolla, madura y expande en el tiempo y con la experiencia.

El objetivo de Jesús para sanar a los enfermos era demostrar el poder del amor, la misericordia y la gracia para vencer las fallas, las debilidades o las opresiones de la humanidad. *"Las noticias acerca de él (Jesús) corrieron y llegaron tan lejos como Siria, y pronto la gente comenzó a llevarle a todo el que estuviera enfermo. Y él los sanaba a todos, cualquiera fuera la enfermedad o el dolor que tuvieran, o si estaban poseídos por demonios, o eran epilépticos o paralíticos" (Mateo 4:24 NTV).* [1]

Jesús sanaba con compasión y sin condena, incluso cuando la causa de la enfermedad no hablaba bien del individuo. *"Y sucedió que le trajeron un paralítico, tendido sobre una cama; y al ver Jesús la fe de ellos, dijo al paralítico: Ten ánimo, hijo; tus pecados te son perdonados" (Mateo 9:2).*

En el caso del hombre ciego en Juan 9:1-3, Jesús compartió con Sus discípulos (que preguntaban acerca del caso del hombre que nació ciego) que la ceguera del hombre era sólo para demostrar la gloria de Dios.

Al pasar Jesús, vio a un hombre ciego de nacimiento. Y le preguntaron sus discípulos, diciendo: Rabí, ¿quién pecó, éste o sus padres, para que haya nacido ciego? Respondió Jesús: No es que pecó éste, ni sus padres, sino para que las obras de Dios se manifiesten en él.

---

[1] La Santa Biblia, Nueva Traducción Viviente. Carol Stream: Tyndale House Publishers Inc., 2010

El Espíritu Santo puede elegir revelarse a usted una enfermedad espiritual. Sin embargo, debe tener cuidado de evitar juzgar o anunciar sus percepciones al paciente o a otros individuos. Confía en el deseo del Espíritu Santo y en Su habilidad de ministrar en las cámaras íntimas del corazón de los pacientes como sólo el Espíritu Santo puede hacerlo. Recuerda que el propósito del Espíritu Santo al revelarse secretos preciosos es guiar usted en sabiduría e intercesión. Debe honrar y ser fiel a la confianza del Espíritu Santo.

La unción con aceite

Por lo general, los pacientes aprecian sus oraciones y que los visites.

Cuando visita a los que tienen ese tipo de fe, puede ser que percibas que al paciente le gustaría que lo unjas con aceite. La unción con aceite debería hacerse con el permiso del paciente, o la familia del paciente. Si le pregunta, asegúrese de formular la pregunta como una preferencia al paciente en lugar de buscar su permiso. Los pacientes que padecen muchas veces aceptarán el ofrecimiento como agradecimiento de la visita, como un deseo de complacerse o incluso para evitar que se ofenda. Muchos pacientes agradecen la unción con aceite. Sin embargo, algunos pacientes no están familiarizados con la práctica de la unción con aceite y pueden sentir que la sugestión sea algo invasivo o incómodo. Para aquellos que todavía deben comprender o aceptar la unción con aceite, la sanidad de Dios prevalece. Recuerda, La oración de fe sanará al enfermo (Santiago 5:15).

La unción con aceite debe llevarse a cabo de manera discreta y sin causarle dolor o incomodidad al paciente. Es importante que tenga su aceite de unción listo y preparado. Antes de su visita, puede comprar un jarrón de aceite de oliva y, luego de bendecirlo y consagrarlo para la unción, verter un poco en un frasco pequeño. Cubre el contenedor y llévalo a su visita.

Cuando usted prepare para ungir a un paciente con aceite, toma muy en cuenta la postura y la posición del paciente. Muchas veces, un paciente que está familiarizado con la unción con aceite esperará que lo haga sobre su frente. Sin embargo, siempre debe pedir permiso para tocar al paciente.

Si la frente del paciente está al descubierto, pregúntale al paciente si puede ungirle la frente. Si la frente del paciente se encuentra cubierta con vendas, por ejemplo, puede preguntarle si prefiere que unja su mano. De ser así, asegúrese que sea la mano que no tenga agujas intravenosas, heridas de cirugía o vendas de cualquier tipo. Debe evitar tocar cualquier zona que esté gravada o que pueda causarle dolor al paciente. Si la frente o las manos del paciente no pueden ser ungidas, puede preguntarle a dónde preferiría que lo unja. También puede ungirlo de manera gentil sobre una sábana o una manta. No es necesario que toque directamente la piel del paciente.

Tenga preparado su aceite de unción y prepárate para orar. Pon un poco de aceite en su dedo índice mirando al paciente todo el tiempo. Puede elegir ungirlo formando una cruz en el aire o sólo con un poco de aceite, dependiendo de la condición del paciente. Al ungir al paciente, pronuncia su nombre y luego diga las palabras, "Se unjo en el nombre de Jesucristo. Sana en el nombre de Jesús". Puede decir una breve oración mientras aleja su mano del paciente.

Demostraciones de emoción

Los pacientes hospitalizados necesitan de su fe, apoyo y aliento en todo momento. La enfermedad repentina, seria o prolongada, los accidentes y los cambios inesperados en la vida pueden producir miedo y ansiedad en los pacientes. Mientras para usted es natural sentir compasión y empatía por los que sufren, debe notar que los pacientes pueden sentir el miedo, los nervios y ansiedad de aquellos que los visitan. Lo que realmente quieren y necesitan los pacientes es que les transmitas calma. Quieren creer que el amor de Dios es abundante y que la presencia, el poder de sanidad y la voluntad de Dios para sanar prevalece por sobre las predicciones.

Es esencial que mantenga su fe y su compostura en todo momento. Evita mirar fijo o llorar en la presencia del paciente. Los pacientes verán a usted como una fuente de confianza y fortaleza, incluso en las peores condiciones con los diagnósticos más graves.

Si está enfermo

Cuando los pacientes están en el hospital y sufren una enfermedad, sus sistemas inmunológicos, en muchos de los casos, se encuentran delicados y están más débiles. Si está sufriendo una enfermedad contagiosa, como un resfrío o fiebre, debe evitar visitar pacientes hasta que usted encuentre completamente bien. De esta manera, evitarás exponer a los pacientes a gérmenes malignos que podrían agravar su situación actual.

También es importante que proteja su sistema inmunológico de exponerte al contagio. Cuando está enfermo, su cuerpo necesita fuerzas para luchar contra las posibles infecciones. Muchas instituciones públicas, incluyendo los hospitales, están llenas de aire contagioso que sólo necesita ser inhalado para causar o agravar una enfermedad. Debe cuidarse a usted mismo como también a los pacientes yendo a visitarlos sólo cuando usted se encuentra bien.

Segunda parte

Protocolos generales

"Sabiduría ante todo; adquiere sabiduría; Y sobre todas tus posesiones adquiere inteligencia."

Rey Salomón

Información del paciente

Antes de ir de visita al hospital, llama para obtener información acerca del paciente para confirmar que la persona a la que planeas visitar esté allí y pueda recibir visitas. Dependiendo de sus condiciones, los pacientes pueden ser movilizados, pasar por exámenes o procedimientos varias veces durante su estadía en el hospital.

Identificación del clérigo

Asegúrese de llevar su identificación de clérigo al hospital. La identificación de clérigo se distingue a usted como alguien que va de visita con una capacidad oficial para orar y ofrecer comodidad espiritual.

Estacionamiento

Siempre estaciona en las zonas de estacionamiento públicas designadas y obedece todas las regulaciones de estacionamiento, incluyendo la de dejar los lugares de incendios libres para los vehículos de emergencia y que los pacientes puedan entrar y salir con comodidad.

Muchos hospitales cobran el estacionamiento. Sin embargo, si tiene una identificación de clérigo, los de seguridad pueden permitirte que estaciones sin pagar. Al entrar a un hospital asegúrese que los de seguridad validen su ticket de estacionamiento. Tenga lista su identificación de clérigo para poder presentarla. Sin ella, la seguridad del hospital puede negarse a validar su ticket de estacionamiento y tal vez tenga que pagar para estacionar.

Nota que en algunos hospitales, como los hospitales estatales, es probable que no exista el procedimiento para validar el ticket de clérigo. Una buena idea es corroborar con la seguridad antes de estacionar en un área de estacionamiento pago.

Horario de visita al hospital

Las políticas del hospital incluyen horarios específicos de visita para poder maximizar el tiempo de descanso y recuperación de los pacientes. Las visitas, a pesar de ser bienvenidas, pueden ser cansadoras para los pacientes y por esta razón, el personal del hospital designa ciertos horarios de visita. Es una manera de asegurar que los pacientes se benefician por períodos ininterrumpidos de tiempo de descanso. Como ministro, es su tarea demostrar respeto por todas las regulaciones del hospital y de los pacientes a los que visita. Muchos hospitales permiten visitas desde las 11:30am hasta las 8:00pm diariamente.

Nota que los horarios de visita para el área de maternidad, pediatría, cuidados intensivos y unidades psiquiátricas pueden variar. Si está visitando a alguien en una unidad especializada del hospital, recoge información acerca de los horarios de visita antes de aventurarte al lugar.

El único momento en el que usted, como ministro, deberías intentar ir de visita a una unidad fuera de los horarios establecidos es si hubo una emergencia severa y ha sido llamado, específicamente por el paciente, por un miembro de la familia del paciente, o por un miembro del equipo médico del paciente para ir al hospital inmediatamente.

Obtener pases de visitante

Luego de entrar al hospital, ve al escritorio de información. Espera su turno y pide un pase de visitante para ver al paciente en particular al que ha ido a visitar. Puede ser que usted pregunten el propósito de su visita. Si usted lo preguntan, responde diciendo que es del clérigo y ha ido a hacerle una breve visita al paciente. Entonces puede ser que se pidan que muestre su identificación del clérigo y se hagan firmar una lista de clérigo, que por lo general se encuentra en el escritorio de información o lo tiene el agente de seguridad. En casi todos los casos, podrá obtener su pase de visitante.

A veces, el escritorio de personal puede informarte que para ese paciente en particular la cantidad de visitantes está completa y que tendrás que esperar hasta que alguien más que esté visitándolo salga. Si sabe que el paciente usted está esperando, puede llamar a la habitación del paciente y, sin pedirle a nadie que salga, dejarle saber al paciente que usted encuentra allí. El paciente puede indicarse que otro visitante se está yendo y pedirse que entre a la habitación. De no ser así, puede decidir esperar o regresar en otro momento.

Es importante entender que el personal de seguridad y el escritorio de información tienen derechos discrecionales que les permiten desautorizar visitas de quienquiera que ellos crean que comprometa la seguridad del paciente o desobedezca las regulaciones del hospital.

Contemplar las Precauciones Universales

Las Precauciones Universales son medidas prácticas para el control de las infecciones desarrolladas por los Centros para el Control y la Prevención de Enfermedades (CCPEEU) para restringir los riesgos de propagación por transmisión sanguínea de enfermedades patógenas. Más específicamente, los procedimientos de seguridad de los hospitales que siguen las recomendaciones de los CCPEEU están diseñados para proteger a los pacientes, al personal del hospital y a los visitantes de las infecciones causadas por la propagación de los gérmenes.

Tenga cuidado de tomarse en serio las Precauciones Universales, ya que de esa manera usted se protegerá a si mismo y ayudará a detener la propagación de las enfermedades infecciosas a en los pacientes. Utiliza las siguientes Precauciones Universales cada vez que visite a un paciente.

1) *Higienizase usted las manos antes de entrar a la habitación de un paciente para asegurarse de que no estará introduciendo gérmenes al ambiente del paciente.*

2) *Cuando se encuentre en la habitación de un paciente, evita tomar artículos u objetos del paciente. Evita tocar las mesas, los teléfonos, etc. a menos que se pida que lo haga.*

3) *Cuando usted acerque a un paciente, evita tocarlo libremente a menos que el paciente indique que le gustaría que lo toque.*

4) *Higienizase las manos luego de abandonar la habitación del paciente y antes de entrar a la habitación de otro paciente.*

Evitar propagar la infección

Hay muchos gérmenes dañinos que consisten de bacterias, virus, hongos y parásitos.[1] Las bacterias y los virus pueden estar entre los que más fácil se propagan en los hospitales, aunque los hongos y los parásitos siguen siendo un gran problema.

Las bacterias son organismos unicelulares que sirven principalmente para facilitar la salud y la sanidad en el cuerpo destruyendo a las células dañinas y ayudando a la digestión. Sin embargo, hay bacterias dañinas que liberan toxinas en el cuerpo para propagar la infección. Por ejemplo, las bacterias llamadas estreptococo y estafilococo causan infecciones que incluyen el dolor de garganta, la neumonía por síndrome de choque tóxico y ciertos tipos de infecciones sanguíneas y cutáneas. Los virus son cápsulas que invaden el cuerpo para causar resfríos e influenza.

Si tiene dolor de garganta o un resfrío, por ejemplo, o hace poco ha estado en contacto con

---

[1] US National Library of Medicine, National Institutes of Health "Infectious Diseases." Bethesda, Maryland, 2005.

alguien que padecía de eso, evita visitar a los enfermos hasta que esté seguro de estar completamente sano y sin infección alguna.

Los hongos son gérmenes que pueden alojarse en la piel persistiendo en las superficies. Los hongos también pueden ser inhalados como esporas en el aire, causando infecciones en los pulmones. Los hongos, a pesar de que en algunos casos son dañinos, ininterrumpidos. Debe notar, sin embargo, que un sistema inmunológico debilitado puede ser vulnerable a los hongos que se encuentran en el aire o sobre las superficies. Los parásitos son gérmenes que intentan vivir en o sobre el cuerpo y la comida. Las infecciones propagadas por los parásitos suelen comenzar nacer de la comida o el agua contaminada.

Cuando visites a pacientes, debe contemplar las Precauciones Universales, ya que así proteges tanto a aquellos a los que visita como también a usted mismo y a su familia. Entender a los gérmenes y cómo evitar propagar el contagio se ayudará a usted a tomar decisiones informadas acerca de la limpieza, especialmente, el higiene de las manos.

Mientras el hecho de resignar su descanso y recuperación puede ser un gesto noble para hacer el sacrificio de visitar a los enfermos, recuerda que aquellos a quienes visita también son vulnerables. Cuando ejerces el cuidado de proteger a los pacientes de los gérmenes, está honrando su compromiso con Dios por la sanidad y el bienestar de los pacientes

Infecciones Asociadas a la Atención Sanitaria (IAAS) y el Estafilococo Aureus Resistente a la Meticilina
(SARM o MRSA en inglés)

Las infecciones asociadas a la atención sanitaria son causadas por la introducción de bacterias, virus y hongos dañinos a la corriente sanguínea del paciente o a la piel del paciente mientras éste se encuentra en el hospital o en algún otro centro de cuidado de la salud. Las infecciones asociadas a la atención sanitaria llevan ese nombre por su origen.

Cuando un paciente se enferma en el hospital y como resultado de su estadía en el hospital, la infección es considerada como asociada a la atención sanitaria. De acuerdo a los CCPEEU, dos millones de personas al año, que es como decir 1 de cada 20 pacientes, contrae una infección asociada a la atención sanitaria y para casi 90.000 pacientes, las infecciones resultan ser letales.[2]

El Estafilococo Aureus Resistente a la Meticilina (SARM, o MRSA por sus siglas en inglés) es un tipo de infección asociada a la atención sanitaria. El SARM es una bacteria estafilococo que puede introducirse en la corriente sanguínea a través de heridas quirúrgicas, órganos en particular o la piel. Los pacientes y quienes trabajan en centros de salud deben estar al tanto que las infecciones MRSA que más atentan contra la vida suelen contraerse en hospitales y otros centros de salud.[3] El mayor desafío en cuanto a los MRSA es su resistencia a la mayoría de los antibióticos conocidos. Por eso, lo mejor que se puede hacer contra el MRSA es prevenirlo.

[2] "Hhs Action Plan to Prevent Healthcare-Associated Infections." Washington, DC: Department of Health and Human Services. 2009.

[3] Ibid

El SARM es contagioso y puede ser especialmente peligroso para los individuos cuyos sistemas inmunológicos se encuentran debilitados. Se ha descubierto que el MRSA causa infecciones en las heridas quirúrgicas; infecciones en la piel y la sangre; como también infecciones en el tracto urinario y los pulmones. Muchos centros de salud hacen pruebas para encontrar la presencia del MRSA en los pacientes y así determinar el origen de una infección con MRSA, en caso de que el paciente se haya infectado mientras se encontraba hospitalizado.

Hay explicaciones para las causas y la propagación de las infecciones asociadas a la atención sanitaria, incluyendo al MRSA. La causa principal de la propagación del MRSA incluye la mala higienización de las manos entre el personal de los centros de atención sanitaria y la mala utilización o desinfección de los equipos médicos.[4] Muchas veces, el SARM afecta a la piel y puede propagarse por medio del roce o toque. Uno puede propagar el SARM tocando a una persona infectada

---

[4] "Causes of MRSA Infections: How MRSA Is Spread in the Community." Atlanta, Georgia: Centers for Disease Control and. Prevention, 2010.

o a un objeto que tiene la bacteria SARM sobre el mismo y luego tocar a otra persona. La bacteria del SARM ha sido detectada en los artículos personales de pacientes, incluyendo a las afeitadoras, las toallas, las vendas y otros artículos que pueden llegar a estar en contacto cercano con la piel. El SARM también ha sido detectado en las cortinas de las habitaciones de los pacientes hospitalarios.[5]

Cuando visites a pacientes, evita tocar las pertenencias del mismo o tocar al paciente sin su permiso. Puede estar evitando la propagación de un contagio potencialmente letal. Una de las iniciativas principales para la prevención de las infecciones asociadas a la atención sanitaria, como el SARM, además de educar al personal médico, a los pacientes, a las familias y al público, es el requerimiento legal de higienizarse las manos constante y conscientemente.[6]

---

[5] Michael Ohl, MD. "Hospital Privacy Curtains Are Frequently and Rapidly Contaminated with Potentially Pathogenic Bacteria." In *51st Inter Science Conference on Antimicrobial Agents and Chemotherapy*. Chicago, Illinois, 2011.

[6] The American Recovery and Reinvestment Act of 2009, Public Law 111-5 (ARRA) is a federal law designed to provide for medical personnel training in the detection and prevention of Hospital-Associated Infections.

Si usted está embarazada o amamantando a un bebé, evite visitas donde usted sabe que el o la paciente ha estado expuesto a SARM o cualquier otro tipo de contagio. Mientras que la exposición a SARM por una mujer embarazada causar pocos problemas, si alguno, para el feto inicialmente, se aconsejable evitar el contacto con cualquier persona que tenga una infección de SARM hasta que ya no esté embarazada o amamantando. Existe el riesgo de que una mujer embarazada infectada con SARM pueda transmitirlo al bebé durante el parto. Además, hay la antibióticos particulares (tetraciclinas, por ejemplo) que pueden utilizarse para el tratamiento de ciertos tipos de infecciones de SARM, no son aconsejable durante el embarazo.[7]

---

[7] Gorwitz, Rachel J., Jernigan, Daniel B., Jernigan, John A., Powers, John H. and Participants in the CDC Convened Experts' Meeting on Management of MRSA in the Community. "Strategies for Clinical Management of MRSA in the Community: Summary of an Experts' Meeting Convened by the Centers for Disease Control and Prevention." Atlanta, Georgia, 2006.

Procedimiento para la higienización de las manos

La higienización de las manos es un requerimiento esencial para visitar a pacientes hospitalarios. Hay baños y estaciones de higienización de manos para cumplir con este propósito. Por favor, contempla el procedimiento a continuación para la higienización de las manos.

1) Toma una servilleta de papel

2) Utiliza la servilleta de papel para abrir el grifo de agua

3) Moja sus manos con agua tibia

4) Deja correr el agua

5) Utiliza la toalla de papel para dispensar una cantidad generosa de jabón en sus manos

6) Enjabónate las manos

7) Frota sus manos con fuerza. Asegúrese de fregarte las palmas y el dorso de las manos, el frente y la parte de atrás de los dedos, la unión entre los dedos y debajo de las uñas

8) Límpiate las manos y las muñecas durante 15-30 segundos

9) Enjuágate las manos y las muñecas

10) Toma una servilleta de papel nueva

11) Sécate las manos y las muñecas

12) Utiliza la servilleta de papel para cerrar el grifo de agua

13) Si usted encuentra en un baño, utiliza la servilleta de papel para girar la perilla y abrir la puerta

14) Tira la servilleta de papel a la basura

La higienización de las manos debería realizarse antes y después de visitar a cada paciente. Durante ciertas visitas puede ser que se le pida que se ponga algún equipo de protección, como un par de guantes. Sin embargo, tenga en cuenta que ponerse un par de guantes sin lavarse las manos no evitará la propagación de las infecciones.[8] El tocar los guantes con las manos sucias contamina a los guantes.

Muchos hospitales y otros centros de cuidados de la salud tienen desinfectantes de manos cerca de los elevadores, por las paredes y en las habitaciones de los pacientes. Mientras que el uso del desinfectante de manos es conveniente, sólo reduce la cantidad de gérmenes de las manos y no puede deshacerse algunos tipos de gérmenes en las manos.[9] Además, los desinfectantes de manos no sirven cuando las manos están visiblemente sucias.[10] La higiene apropiada de las manos con agua y jabón brinda el lavado más completo, eliminando la mayoría de los gérmenes. Si no cuentas con agua y jabón, utiliza al menos un desinfectante de manos con un mínimo de 60% en alcohol y frote las manos enérgicamente hasta que se seque.

---

[8] "Hand Hygiene in Healthcare Settings." Atlanta, Georgia: Center for Disease Control and Prevention, 2011.

[9] "Handwashing: Clean Hands Save Lives." Atlanta, Georgia: Centers for Disease Control and Prevention 2011.

[10] Ibíd.

En esencia, el desinfectante de manos brinda una menor protección contra los gérmenes que lavarte las manos con agua y jabón. La protección que dan los guantes requiere que las manos estén limpias antes de tocarlos y ponérselos.

Cuestiones en cuanto a la infección

Si cree que ha estado expuesto al SARM o a otra enfermedad patógena como resultado de una visita a un hospital, no se cure usted mismo. Busque atención médica de inmediato. Detección inmediata y tratamiento efectivo presentan las mejores líneas de defensa contra el empeoramiento de una infección del SARM. El SARM, especialmente, es conocido como que se corre y empeora y, en ciertas condiciones, puede causar la muerte si no se lo trata o si se tarda en comenzar el tratamiento.

Equipo de protección personal

El equipo de protección personal consiste de la vestimenta que usan los trabajadores en los centros de salud y hospitales y las demás personas, incluyendo a los visitantes, para reducir la exposición a enfermedades contagiosas. El equipo de protección personal consiste de guantes, bata, máscaras, respiradores, protección ocular y cobertores de zapatos. Algunas de las enfermedades contagiosas incluyen a, la influenza (fiebre), hepatitis A, hepatitis B, meningitis, neumonía, dolor de garganta, tuberculosis y el resfrío común.[11]

Si por algún motivo usted siente incómodo al visitar a un paciente que usted pide que utilices el equipo de protección personal, por favor evita hacerlo.

---

[11] Committee, OPTN/UNOS Patient Affairs. "Talking About Transplantation: What Every Patient Needs to Know." United Network for Organ Sharing, 2011.

Privacidad del paciente

La privacidad del paciente se debe respetar siempre. Las enfermedades y los diagnósticos de los pacientes son personales y se reservan para los pacientes, la familia de los pacientes y el personal médico. Cuando visita a pacientes, evita pedirles información a ellos, a los miembros de la familia o al personal médico acerca de la naturaleza de la enfermedad, el diagnóstico, los pronósticos o cualquier otro tipo de información que se relacione a la salud del paciente. Esto no sólo preservará la dignidad y la privacidad del paciente, sino también probará su fidelidad al Acta de INFORMACIÓN MÉDICA PERSONAL PROTEGIDA (AMPARADA POR LEY) (Health Insurance Accountability and Portability Act, HIPAA, en inglés).

HIPAA se fundó en 1996 para proteger la cobertura de salud del paciente con compañías de seguros. Sin embargo, en abril de 2003, los legisladores aprobaron la Ley de Privacidad como un componente de HIPAA. La Ley de Privacidad está designada a limitar las preguntas y la revelación de la Información de Salud del Paciente (Protected

Health Information, PHI, en inglés). PHI incluye, pero no se limita a un tipo de información acerca del estado de salud del paciente, de sus tratamientos médicos o su diagnóstico.

Recuerda que como miembro del clero, está haciendo una visita con un grado oficial, que es muy diferente a una visita por un miembro de la familia, por un amigo o un conocido. Con algunas excepciones, las protecciones brindadas por HIPAA restringen al personal médico divulgar o compartir acerca de la información de salud del paciente con nadie que no sea familiar del paciente, a menos que el paciente permita esto y lo deje por escrito.

En una situación de emergencia en la que un paciente se encuentra incapacitado de tomar decisiones, los médicos pueden optar en contactar a un familiar directo del paciente para hablar sobre posibles tratamientos y otras recomendaciones.

Cuestiones en cuanto al trato

Durante una visita, un paciente puede compartir preocupaciones con usted acerca del trato que está recibiendo en el hospital. Si sucede eso, puede hacer una observación para ver si a usted también se parece lo mismo. Sea cual sea el caso, a menos que sea un familiar directo, evita dirigir el problema directamente o confrontar a los médicos. Si cree que es necesario levantar una queja, compártala con familiares directos del paciente y deja que ellos se hagan cargo del tema.

Casi siempre, la familia prefiere hacerse cargo de los hechos o variables que influyen en el curso del tema, si es que lo hay. Además, tanto la familia como el personal de hospital pueden tener más información que usted acerca del paciente y la manera de tratar con determinado paciente.

Comida y flores

Es bastante común que los miembros de la familia lleven comidas para darles alegría a los pacientes. Tradicionalmente, los visitantes les llevaban flores para alegrar a los pacientes también. Si no sabes si llevarle comida o flores a un paciente, considera lo siguiente.

Muchas veces, los pacientes siguen dietas estrictas que prohíbe la ingestión de ciertos alimentos, como la sal y el azúcar, por ejemplo. Además, hay veces en las que los pacientes están pasando por una serie de exámenes que requieren ayunos durante horas o días. Cuando los pacientes están siendo sujetos de exámenes o están en preparación para una cirugía, sus médicos muchas veces los clasifican como "NPO".

NPO proviene del término en latín, "Non Per Os", que significa "Nada por la boca". Un paciente que se clasifica como NPO no puede ingerir comida de ningún tipo. Además, una restricción NPO significa que el paciente no puede ni tomar agua ni comer hielo por un tiempo determinado. Por lo general, a discreción del médico, el paciente terminará este período de ayuno con líquidos claros en cantidades específicas.

Como la dieta es un factor crucial en la sanidad y el bienestar, siempre es mejor atenerse al régimen prescripto por el médico. A menos que seas un familiar directo del paciente que conoce a la perfección los permitidos de su dieta, es mejor que evites llevarle comida cuando lo visites. De otra manera, su buena intención puede llegar a impedir el proceso de sanidad.

Las flores embellecen cualquier habitación y aunque por lo general son apreciadas, a veces pueden ser inapropiadas. Primero, muchos protocolos de hospitales incluyen la restricción de flores en la sala de cuidados intensivos. Segundo, algunos pacientes pueden ser alérgicos a las fragancias y el polen de las flores. Las lilas, por ejemplo, pueden ser muy hermosas a la vista, pero son demasiado aromáticas, en especial en ambientes pequeños o cerrados.

Hoy en día, la gente lleva tarjetas o libros para dar ánimo. Los amigos, los compañeros de trabajo o los familiares muchas veces llevan globos y otros regalos que saben que le gustará a la persona que quieren.

En cualquier caso, el regalo más importante es su presencia. Su sonrisa y su calidez son todo lo que realmente necesitas llevarle. Si decide que quiere llevarle un presente, siempre considera la comodidad y el bienestar del paciente al que visita, como también la de los demás pacientes que pueden estar compartiendo la habitación con él o ella.

Tercera parte

La visita

"Enfermo, y me visitasteis…"

Jesucristo

En cuanto al decoro

"Solamente que os comportéis como es digno del evangelio de Cristo..."

Filipenses 1:27a

La conversación es una manera de comunicación. Como ministro del evangelio, usted comunica verbalmente a través de la comunicación, pero también en su comportamiento y la manera en la que se presenta al visitar a los pacientes. Toda forma de expresión acarrea un valor de interpretación para el paciente y la familia del paciente. La compasión y la calidez son reconfortantes para el paciente, pero una experiencia desconcertante puede resultar en que el paciente no se cure. Usted debe verificar con regularidad su estado emocional y las asunciones subconscientes que puedan surgir sin que usted des cuenta al encontrarte ante este tipo de adversidades.

Recuerda que realizar visitas hospitalarias es un privilegio divino. Debe tener siempre en mente el propósito de su visita, que es llevar sanidad y esperanza. Considera lo siguiente para evitar causar ofensas sin intención. "No sea, pues, vituperado vuestro bien" *(Romanos 14:16).*

Evita llevar acompañantes casuales contigo a las visitas hospitalarias. Que extraños les hagan preguntas y los miren fijo pone nerviosos a los pacientes, que ya se sienten vulnerables y expuestos. Cada persona que entra a la habitación de un paciente hospitalario debería estar allí por un propósito en especial que beneficie al paciente de manera directa. Haz que los niños y los acompañantes de viaje se esperen en silencio en un área designada lejos de la habitación del paciente. Cuando visita a un paciente sin un acompañante, usted comunica respeto por la privacidad y la dignidad del paciente.

Cuando usted realice una visita hospitalaria, visítese de forma conservadora. Que su vestimenta represente la vestimenta que corresponde a un ministro. No se visten de manera demasiado informal o poco modesta. Evita las vestimentas llamativas, las joyas o accesorios que distraigan o zapatillas que hagan ruido. Su estilo de vestimenta debe demostrar que usted se importa el propósito al prepararse para una visita a un paciente en una capacidad oficial de ministro. Recuerda que usted es un representante de Cristo. *"Vuestra gentileza sea conocida de todos los hombres" (Filipenses 4:5a)*. Cuando se demuestre conciencia en su apariencia, comunica que se importan el paciente y la visita.

Cuando realice visitas, asegúrese de hablar con calidez aunque con un volumen de voz que el paciente al que visita pueda escuchar y entender sin tener que esforzarse o pedirse que le repitas las cosas. Al mismo tiempo, evita hablar demasiado fuerte. Evita comentarios o conversaciones que serían mejor tenerlas en donde el paciente no esté. Recuerda que los pacientes que sufren casi siempre pueden escuchar muy bien, incluso si no pueden comunicar lo mismo.

Dirígele a los pacientes siempre con respeto. Evita utilizar sólo los nombres de pila, a menos que se usted lo pida o que el paciente sea un niño. Sé atento y cálido sin entrar en demasiada confianza. Mantén un humor sin hacer bromas o gestos. Evita el lenguaje desagradable, el esfuerzo por hacer bromas o las garantías triviales que pueden ser interpretadas como condescendientes. El discurso respetuoso comunica reverencia a Dios y apreciación por el privilegio de la visita y la oración por Sus amados.

Cuando usted vaya de visita a un hospital, mantén su celular y los electrónicos portátiles apagados o en silencio. Evita responder llamados celulares o cualquier otro tipo de comunicación electrónica con otras personas (mensajes de texto, leer o enviar un correo electrónico) mientras se encuentre en la presencia del paciente o los miembros de su familia. Evita las interrupciones innecesarias durante la visita. Dedicar su atención por completo al paciente y a la familia del paciente durante la visita comunica un interés genuino y una preocupación por el bienestar del paciente.

Evita comer o llevar comidas o bebidas a la habitación de un paciente. Evita masticar demasiado la goma de mascar. Tenga su Biblia, sus elementos de comunión y los accesorios para la unción o el bautismo listos en caso de que los necesites. Cuando está preparado y organizado en su visita, el paciente se puede relajar mejor y confiar en que usted es un embajador de Cristo.

Si un paciente o un familiar del paciente quieren confiarte algo o invitarte a que compartas algo, escucha más de lo que hablas y mantén el foco de la conversación en el paciente. Evita hacerles preguntas personales a los pacientes en cuanto a su vida o su enfermedad. Evita dar consejos no solicitados acerca de cualquier aspecto de la vida personal del paciente o de sus cuidados de salud. Evita hacer o participar en comentarios despectivos sobre cualquier persona. Ser rápido para escuchar y lento para hablar es tanto una virtud como un ejercicio de la sabiduría. *"El que guarda su boca y su lengua, su alma guarda de angustias"* *(Proverbios 21:23).*

Evita los debates dogmáticos con los pacientes o los familiares del paciente. Evita involucrarte en comentarios reprobadores de cualquier tipo. Mantenga sus opiniones, especialmente los temas doctrinales, lejos del centro de la conversación. El hecho de probar que usted tiene razón puede ser algo malo para el paciente. Recuerda su objetivo en todo momento. Cuando visita a alguien que está sufriendo, intenta ser una bendición alegre, una extensión del amor de Jesús. Un paciente siempre debería sentirse mejor y alentado como resultado de su visita. *"Todo me es lícito, pero no todo conviene; todo me es lícito, pero no todo edifica"* *(1 Corintios 10:23).*

Evita hablar acerca de usted mismo o sus problemas con los pacientes. Su intento de comisión puede ser honorable, pero al hacerlo puede perder el interés o la atención del paciente. También, al hablar acerca de sus problemas, puede cargar de problemas estresantes al paciente sin darte cuenta buscando reconfortarte a usted mismo.

Mantenga su comunicación tanto verbal y no verbal libre de cualquier influencia que pudiera desafiar su objetivo de ser un instrumento de paz, la comodidad, la sanidad y el gozo del Señor. *"Sino, como aquel que os llamó es santo, sed también vosotros santos en toda vuestra manera de vivir"* *(1 Pedro 1:15).*

Antes de entrara a la habitación del paciente

Antes de entrar a la habitación de un paciente, siempre fíjese que tenga el nombre, el número de habitación y la cama correcta. En muchos de los hospitales, los nombres de los pacientes y sus camas están escritos del lado de afuera de la puerta de su habitación. Como a veces es probable que no conozca al paciente, esto usted se asegurará que está entrando a la habitación correcta y hablando con la persona indicada a la que ha ido a visitar.

Si no está seguro del nombre y la anotación en la puerta no se entiende, pídele a una enfermera o un enfermero en la sala de enfermeras que usted confirme el número de habitación y la cama del paciente al que ha ido a visitar. Siempre es aconsejable asegurarte que está en la habitación correcta del paciente indicado antes de entrar.

Observa la entrada de la habitación del paciente para cumplimentar con cualquier indicación que pueda haber. Cuando los médicos lo requieran, el personal del hospital puede poner carteles que pidan que cualquiera que ingrese a la habitación del paciente vista el equipo de protección personal. Estos carteles llevan las siglas en inglés "PPE". Debe estar atento a adherir a tales requerimientos antes de entrar a la habitación de un paciente. Muchas veces, el propósito es proteger al paciente de gérmenes exteriores que pueden ser ingresados por los visitantes.

Al acercarte a la puerta de entrada de la habitación de un paciente, toca la puerta y espera una respuesta. Cuando el paciente responda, bríndale su nombre y propósito de la visita, siempre dirigiéndote al paciente por su nombre. Por ejemplo, "Dios le bendiga (Hermano o Hermana... Nombre del paciente), soy el Ministro (Su nombre) de (El nombre de la iglesia a la que representa). Estoy aquí para orar por usted". Entonces el paciente puede invitar a usted a que ingreses.

Cuando toca la puerta y no escucha una respuesta, puede ser que el paciente se esté vistiendo o preparándose para que entre. Espera un momento y toca de nuevo antes de entrar a la habitación. Si entra a una habitación y nota que el paciente no está vestido o está en el baño, salga de la habitación y asegúrale al paciente que esperará afuera hasta que esté vestido/a ó que haya regresado a su cama. Por lo general, a menos que esté durmiendo, el paciente puede avisarse a usted que está al tanto de su visita. Asegúrale al paciente que esperará afuera hasta que esté listo para que ingreses.

Debe estar dispuesto a irse y regresar en otro momento si el actual no es conveniente para el paciente. Sino, espera a que el paciente le diga a usted cuándo puede entrar a la habitación.

Cuando se encuentra presente el personal del hospital

Si hay personal del hospital presente, examinando al paciente o realizando alguna función médica necesaria. Dile inmediatamente al paciente que esperará afuera durante su examen. Salga de la habitación y espera afuera y lejos de la puerta hasta que el personal del hospital haya terminado con sus tareas. Puede ser que vea a los médicos o las enfermeras saliendo de la habitación. Sin embargo, espera hasta que el paciente le avise a usted que puede regresar.

A veces, el personal del hospital sale de la habitación temporalmente sólo para buscar un equipo necesario y regresan inmediatamente. Saben que usted está esperando y por lo general le dirán cuando puede reingresar a la habitación. A pesar de que a veces los pacientes inviten a usted a quedarse dentro de la habitación, siempre espera afuera de la habitación del paciente mientras se encuentre presente el personal del hospital. Preserva y prioriza la dignidad del paciente respetando su privacidad en todo momento.

Pacientes aislados

Cuando los pacientes se encuentran aislados, es porque pueden sufrir de enfermedades contagiosas. Las infecciones se pueden transmitir por el aire o de alguna otra manera. Como con todos los pacientes, cuando visite a un paciente aislado, contempla las regulaciones de visita. Puede ser que se pida usted que vista equipo de protección personal. Recuerda, el equipo de protección personal consiste de bata, guantes, máscaras, respiradores, gafas protectoras y cobertura de zapatos. Si de alguna manera usted siente incómodo al visitar a un paciente aislado, evita hacerlo.

Los pacientes aislados son extremadamente sensibles y pueden notar la incomodidad de usted. Su aprensión puede causar una ansiedad en el paciente y ambos se sentirán incómodos. Si no se sientes cómodo, limita sus visitas a las áreas de paciente que más cómodo se hagan sentir. Con el tiempo, puede ser que sienta que el nivel de incomodidad disminuye.

Nota: Si está embarazada o amamantando a un bebé, evita visitar las áreas de cuidados aislados.

Pacientes en aislamiento social

Los pacientes en aislación social necesitan protección de los gérmenes dañinos que pueden ingresar con las visitas. La exposición a los gérmenes exteriores puede comprometer al sistema inmunológico ya comprometido de un paciente. Por eso, se les pide a los visitantes que vistan el equipo de protección personal.

El requerimiento de vestir el equipo de protección personal por lo general se hace para proteger a los pacientes de los gérmenes que pueden ingresar con los visitantes y no al revés. Es importante obedecer a las regulaciones en todo momento.

Al entrar a la habitación de un paciente

Cuando entre usted a la habitación de un paciente y se acerque al paciente, sonríe, repite su nombre y el propósito de su visita. Saluda a cualquier familiar o persona que también esté visitando al paciente. Observa la postura del paciente, la ubicación de sus visitantes y del equipo médico. Camina hasta el costado de la cama que parezca más apropiado para el paciente. Luego de caminar hasta el costado de su cama, quédese parado. Evita, aunque usted lo ofrezcan, sentarse, especialmente en la cama del paciente. Evita probar bocado alguno de la comida del paciente o entregarle al paciente algún objeto.

Mira siempre al paciente a los ojos y sonríe de manera amorosa en todo momento. Cuando los pacientes están en el hospital pueden tener sentimientos de incomodidad, incluso de soledad, ansiedad, miedo, nerviosismo y humillación. Evita mirar el cuerpo o las máquinas que tenga el paciente. Eso podría avergonzar al paciente si es que lo nota. Siempre sé consciente de su aspecto.

Extiende amor y saludos al paciente en nombre de su pastor y dile al paciente que el pastor está orando por él o ella. Por ejemplo, "Hermana o Hermano (Nombre del paciente), el pastor me pidió que le diga que le ama y está orando por usted y su familia. ¿Cómo se siente hoy?"

Luego de que el paciente exprese sus sentimientos, pregúntale si necesita algo. El paciente puede pedirse que le sirva un vaso de agua o que le acerque algo.

Nota: Cuando se le pregunta al paciente si necesita algo, debe estar preparado para ministrar la necesidad que se comunique sin remitir al paciente a que pida ayuda en otro lugar, incluso si eso significa un cambio en los planes de usted. Debe evitar mostrar incomodidad y el Señor se bendecirá por su esfuerzo. "*Y todo lo que hagáis, hacedlo de corazón, como para el Señor y no para los hombres; sabiendo que del Señor recibiréis la recompensa de la herencia, porque a Cristo el Señor servís*" (*Colosenses 3:23-24*).

Compartir las Escrituras con un paciente

Escuchar la Palabra de Dios puede dar nacimiento y aumentar a la fe de un paciente. Al prepararte para leer una escritura, primero pregúntale al paciente si le gustaría que lo hicieras. Si el paciente acepta, pregúntale si prefiere que leas una porción en particular de las Escrituras. Muchos pacientes tienen pasajes favoritos de la Biblia que les brindan comodidad y seguridad. Entre ellos están el Salmo 23, Salmo 91 e Isaías 53:1-6.

Cuando compartas una Escritura, lee los versículos incluyendo el nombre del paciente en donde sea aplicable. Mantén contacto visual con el paciente lo más que pueda. Esto ayuda a que el paciente personalice la escritura. Siempre elije pasajes que levanten el espíritu asegurando el amor de Dios a través de sus palabras de fidelidad, paz, calma, sanidad y restauración. Cuando haya terminado de leer la escritura, ora por él o ella inmediatamente.

Si el paciente no quiere que le leas una escritura, puede ser porque la persona está cansada, aqueja algún dolor o necesita que la visita termine pronto porque no se siente cómodo. Sonríe e inmediatamente ora por él o ella.

Preparación para orar por un paciente

Al prepararte para orar, observa la postura del paciente. Si crees que el paciente quiere que lo hagas, pregúntale al paciente si le parece bien que lo tomes de la mano y ores. A veces los pacientes pueden ser los que buscan que les tomes la mano. En ese caso, toma la mano del paciente (no la que tenga la aguja intravenosa porque puede causarle dolor al paciente). Dependiendo de la postura del paciente, a veces puede apoyar su mano con gentileza sobre la mano del paciente en señal de afecto o punto de contacto. Tenga en cuenta que a veces a los pacientes les puede causar dolor el hecho de que los toque. Puede haber pacientes que simplemente prefieren no ser tocados. Si no está seguro, evita tocar al paciente.

Siempre asegúrese que el paciente esté lo más cómodo posible. Tocarlos o moverlos puede incomodar a los pacientes. Puede ser que usted tenga que poner del otro lado de la cama del paciente para acomodar la posición actual del mismo.

Al posicionarte para orar, pregúntale a la persona si ha recibido a Jesús como Señor y Salvador (o si ya es salva). Si el paciente dice que sí, procede con una breve oración de sanidad. Si el paciente dice que no es salvo, pregúntale al paciente si le gustaría recibir a Jesús en su corazón.

Tómese unos minutos para compartir el evangelio con quien no esté familiarizado con el significado de la salvación. Si el paciente declara que quiere recibir a Jesús, comienza la oración guiando a la persona a Cristo. Luego ora por su sanidad y restauración.

Si el paciente no está decidido o se niega a recibir a Jesús, asegúrale al paciente el amor de Dios por él o ella y ora de todas formas por su sanidad. Tenga algunas escrituras de salvación preparadas para dejárselas al paciente para que las lea o estudie a su conveniencia. De esta manera, la Palabra de Dios permanecerá con el paciente tiempo después de que su visita haya concluido. Está plantando una semilla que crecerá mientras el paciente vive el amor de Cristo a través de usted y de otros.

Guiar a una persona a Cristo (ejemplo)

"Padre, creo que Tú amabas tanto al mundo que has entregado a Tu único Hijo, Jesucristo, para que quienquiera que crea en Él no muera sino tenga vida eterna. Creo que Jesús murió en la cruz por mis pecados y se levantó de entre los muertos tres días después. Me arrepiento de mis pecados y Te pido a Ti, precioso Jesús, que entres a mi corazón y seas mi Señor, Salvador, Redentor y Amigo, en el nombre de Jesús, amén."

Una vez que hayas guiado a una persona a Cristo, visítala a menudo y sigue en contacto con el paciente. Es importante que sigas en contacto con el paciente para comenzar el proceso de discipulado. Pregúntale al paciente si tiene o necesita una Biblia y, en caso de necesitarla, entrégale una. Enséñale escrituras con las que el paciente pueda comenzar a comprender el plan de Dios para la salvación, la sanidad y una vida de comunión divina con Jesús. Pregúntale al paciente si cerca de su casa hay una iglesia. De necesitar una, debe estar preparado para recomendarle una iglesia local que se base en la Biblia.

Ejemplos de escrituras para compartir con un paciente acerca de lasalvación

"Porque de tal manera amó Dios al mundo, que ha dado a su Hijo unigénito, para que todo aquel que en él cree, no se pierda, mas tenga vida eterna."

Juan 3:16

"En el principio era el Verbo, y el Verbo era con Dios, y el Verbo era Dios. Este era en el principio con Dios. Todas las cosas por él fueron hechas, y sin él nada de lo que ha sido hecho, fue hecho. En él estaba la vida, y la vida era la luz de los hombres."

Juan 1:1-4

"Porque por gracia sois salvos por medio de la fe; y esto no de vosotros, pues es don de Dios; no por obras, para que nadie se gloríe."

Efesios 2:8-9

74

"*E indiscutiblemente, grande es el misterio de la piedad: Dios fue manifestado en carne, Justificado en el Espíritu, Visto de los ángeles, Predicado a los gentiles, Creído en el mundo, Recibido arriba en gloria.*"

1 Timoteo 3:16

"*De modo que si alguno está en Cristo, nueva criatura es; las cosas viejas pasaron; he aquí todas son hechas nuevas.*"

11 Corintios 5:17

"*Pero si andamos en luz, como él está en luz, tenemos comunión unos con otros, y la sangre de Jesucristo su Hijo nos limpia de todo pecado.*"

1 Juan 1:7

"*Hijitos míos, estas cosas os escribo para que no pequéis; y si alguno hubiere pecado, abogado tenemos para con el Padre, a Jesucristo el justo. Y él es la propiciación por nuestros pecados; y no* solamente por los nuestros, sino también por los de todo el mundo."

1 Juan2:1-2

"Venid luego, dice Jehová, y estemos a cuenta: si vuestros pecados fueren como la grana, como la nieve serán emblanquecidos; si fueren rojos como el carmesí, vendrán a ser como blanca lana."

Isaías 1:18

"Ahora, pues, ninguna condenación hay para los que están en Cristo Jesús, los que no andan conforme a la carne, sino conforme al Espíritu. Porque la ley del Espíritu de vida en Cristo Jesús me ha librado de la ley del pecado y de la muerte."

Romanos 8:1-2

"Porque a los que antes conoció, también los predestinó para que fuesen hechos conformes a la imagen de su Hijo, para que él sea el primogénito entre muchos hermanos. Y a los que predestinó, a éstos también llamó; y a los que llamó, a éstos *también justificó; y a los que justificó, a éstos también glorificó."*

Romanos 8:29-30

"Por lo cual estoy seguro de que ni la muerte, ni la vida, ni ángeles, ni principados, ni potestades, ni lo presente, ni lo por venir, ni lo alto, ni lo profundo, ni ninguna otra cosa creada nos podrá separar del amor de Dios, que es en Cristo Jesús Señor nuestro."

Romanos 8:38-39

Hay muchas, muchas escrituras que puede elegir para compartir con alguien a quien les está ministrando la salvación. El evangelio de Juan es un buen punto de comienzo para un nuevo cristiano que está comenzando a caminar con Cristo

El bautismo de un paciente

A veces, cuando el paciente recibe la salvación, desea ser bautizado. Puede ofrecerse a bautizar a un paciente recientemente salvado o a un paciente que se pide que lo bautices. Cualquier sea el caso, el tema del bautismo debe ser tratado con reverencia.

Casi siempre podrá bautizar a un paciente en un hospital y otro centro de salud. La forma en la que conduzca el bautismo depende de la condición del paciente, de la política del hospital y de su habilidad y entrenamiento. Puede bautizar a un paciente sumergiéndolo o no en el agua. Recuerda que a Dios le importa la condición del corazón y no ve las limitaciones físicas de los pacientes.

Bautizar a un paciente rociándolo con el agua es la manera más segura para bautizar en un hospital. De la misma manera en la que cargas aceite para la unción, puede llevar un jarro de agua sobre el cual ya hayas orado y lo hayas consagrado para el bautismo. También puede orar y consagrar el agua para el bautismo estando junto al paciente.

Primero, asegúrese de que el paciente entienda el significado y el propósito del bautismo. El bautismo representa la muerte, la sepultura y la resurrección de nuestro Señor, Jesucristo. Cuando bautizas a un paciente, guías al paciente por la muerte simbólica de la persona anterior a través de sepultar en la tumba inundada (sumergido en el agua) y la resurrección del paciente como una criatura nueva. *"Porque somos sepultados juntamente con él para muerte por el bautismo, a fin de que como Cristo resucitó de los muertos por la gloria del Padre, así también nosotros andemos en vida nueva" (Romanos 6:4).*

Evita los discursos dogmáticos. Recuerda las sabias palabras del apóstol Pablo, *"porque todos los que habéis sido bautizados en Cristo, de Cristo estáis revestidos" (Gálatas 3:27).* Su apreciación y aceptación a la vista interior de Dios en el corazón de una persona debería brindarte la solución que necesitas para permitir que el Espíritu Santo se guíe a usted en toda discusión de los principios del bautismo.

Guía al paciente en una breve oración de arrepentimiento y reconocimiento del bautismo a

Cristo. No es necesario que el paciente nombre los pecados individuales en voz alta. El paciente sólo debe abrir su corazón ante Dios.

Conducirás el bautismo derramando agua, como si estuvieras sumergiendo a la persona. Mientras el paciente está recostado o sentado, derrama un poco de agua consagrada en sus dedos y, dependiendo de la condición o preferencia del paciente, puede derramar un poco de agua sobre su frente o tocar su frente haciendo la señal de la cruz.

Si el paciente es ambulatorio y desea ser completamente sumergido en el agua, el protocolo indica que debe consultar al personal del hospital antes de bautizar al paciente. El propósito de su pregunta es para asegurarse que está siguiendo los procedimientos del establecimiento, que incluye informar a los médicos o enfermeros y tomar decisiones basándote en la posibilidad de bautizar al paciente sumergiéndolo.

No es recomendable intentar llevar a cabo un bautismo sumergiendo a la persona sin informar a los médicos para que se den permiso. Si los médicos se dan permiso para bautizar al paciente sumergiéndolo, asegúrese de hacerlo en el lugar y el tiempo permitido. Pregunta también la disponibilidad del personal médico para que haya alguien presente durante el bautismo en caso de que sea necesario. La fidelidad es algo fundamental en los hospitales y, como ministro, usted es el responsable del cuidado y la seguridad del paciente mientras encuentre en los límites del establecimiento.

Además, con el fin de bautizar por inmersión completa en agua, usted debe tener tanto la capacidad física y entrenamiento formal en la técnica. Estos imperativos ayudan a asegurar que evite lesiones a usted o el paciente.

Siempre cuando hay una inmersión total en agua, existe el riesgo de ahogamiento u otras lesiones. Una vez más, es imperativo que el personal médico estén informados, presente (por seguridad) y han dado permiso por escrito para que el bautismo por inmersión suceda. El paciente o la familia del paciente pueden obtener el permiso escrito para el bautismo por inmersión.

En los hospitales en donde se permite el bautismo, los pacientes por lo general tendrán acceso a bañeras o gimnasios. Es común que los pacientes elijan la bañera o, en caso de que haya uno disponible, un jacuzzi debido a la comodidad que éstos brindan. Asegúrese de que el paciente entienda el propósito del bautismo, que incluye vestir ropas adecuadas para el mismo. La vestimenta de bautismo puede incluir camisas largas y pantalones sobre trajes de baño o ropa interior con el fin de garantizar que el paciente esté totalmente cubierto durante el bautismo. Evite bautizar en vestidos consistente sólo en trajes de baño o ropa interior. El paciente también debería contar con vestimenta seca y un secador de pelo o una toalla para luego del bautismo.

El ejemplo siguiente es únicamente con fines ilustrativos y no debe interpretarse como instrucciones paso a paso para realizar un bautismo en un hospital o en otro ambiente. Debe realizar un bautismo sólo si ha recibido entrenamiento formal por su pastor o ministro. Incluso si se solicita, abstenerse de intentar realizar bautismos por inmersión en cualquier ambiente, especialmente instalaciones de atención de salud, hasta o a menos que haya recibido capacitación formal o certificación y puede demostrar la misma por escrito.

Ilustración: Si está bautizando a un paciente en un jacuzzi, debería poder entrar y arrodillarse a su lado. Permite que el paciente se siente en el agua. Toma nota de la altura del paciente para asegurarse de su posición y de poder sumergir a la persona sin que se golpee cualquier parte e con el jacuzzi o bañera. Si usted está bautizando a un paciente en una bañera, puede arrodillarse a su lado, afuera de la bañera. Asegúrese de que se encuentra en una posición que se permita sostener a la persona de la mejor manera, tanto para su seguridad como la del paciente.

Antes de comenzar explícale paso a paso el procedimiento que se llevará a cabo. Asegúrese al paciente que está allí para sostener su peso y que no se caerá ni resbalará.

Espera hasta que el paciente esté listo. Cuanto se diga que está listo o lista, afirma usted sus manos y proclama las palabras del bautismo. Por ejemplo, *"Hermana (nombre del o la paciente) de acuerdo de la Santa Palabra de Dios y la profesión de su fe en el Señor, Jesucristo, le bautizo en el nombre de Jesucristo por la remisión del pecado y recibirás el regalo del Espíritu Santo. Levántese ahora para caminar en su nueva vida. De modo que si alguno está en Cristo, nueva criatura es; las cosas viejas pasaron; he aquí todas son hechas nuevas."*

Luego de hablar, sumerge suavemente al paciente en el agua y levántalo inmediatamente. Asegúrese de que el paciente esté respirando bien y pueda moverse como antes. El paciente debe salir del agua inmediatamente y se le debe dar privacidad para que se ponga la vestimenta seca. Evita la celebración hasta que el paciente haya salido del agua por completo, esté vestido con la ropa seca y haya vuelto a la cama o se siente cómodamente en su habitación.

Recuerda, como miembro del clérigo, reconoces la necesidad de priorizar el cuidado del paciente todo el tiempo. Siguiendo los principios del ministerio, obrarás con amor, basándote en la sabiduría de Dios ante todo. El entusiasmo y el celo son recomendables, pero la consciencia en su acercamiento al cuidado del paciente es algo que ha probado ser invaluable. *"Sabiduría ante todo; adquiere sabiduría; Y sobre todas tus posesiones adquiere inteligencia"* *(Proverbios 4:7).*

Escrituras bautismales

"Por tanto, id, y haced discípulos a todas las naciones, bautizándolos en el nombre del Padre, y del Hijo, y del Espíritu Santo;"

Mateo 28:19

"Pedro les dijo: Arrepentíos, y bautícese cada uno de vosotros en el nombre de Jesucristo para perdón de los pecados; y recibiréis el don del Espíritu Santo."

Hechos 2:38

"Entonces Felipe, abriendo su boca, y comenzando desde esta escritura, le anunció el evangelio de Jesús. Y yendo por el camino, llegaron a cierta agua, y dijo el eunuco: Aquí hay agua; ¿qué impide que yo sea bautizado? Felipe dijo: Si crees de todo corazón, bien puedes. Y respondiendo, dijo: Creo que Jesucristo es el Hijo de Dios. Y mandó parar el carro; y descendieron ambos al agua, Felipe y el eunuco, y le bautizó.."

Hechos 8:35-38

"Porque somos sepultados juntamente con él para muerte por el bautismo, a fin de que como Cristo resucitó de los muertos por la gloria del Padre, así también nosotros andemos en vida nueva."

Romanos 6:4

"De modo que si alguno está en Cristo, nueva criatura es; las cosas viejas pasaron; he aquí todas son hechas nuevas."

11 Corintios 5:17

"Porque todos los que habéis sido bautizados en Cristo, de Cristo estáis revestidos.."

Gálatas 3:27

"Sepultados con él en el bautismo, en el cual fuisteis también resucitados con él, mediante la fe en el poder de Dios que le levantó de los muertos."

Colosenses 2:12

Ejemplo de oración para la sanidad

"Padre, en el Nombre de Jesús, reconocemos Tu presencia y Te agradecemos por Tu amor por el "Hermano o Hermana *(nombre del paciente)*". Gracias, Padre, porque de acuerdo a Tu Palabra en Isaías 53:5, *"El Hermano o la Hermana (nombre del paciente) es* sanado por las llagas de Cristo y la sangre de Jesús le hace sano. Te agradecemos que hayas enviado Tu palabra y que hayas sanado al Hermano o Hermana *(nombre del paciente)* y Tu palabra no puede retractarse. Oro para que le otorgues al *Hermano o Hermana (nombre del paciente)* descanso y restauración completa porque él o ella son Tus amados. Jehová, Tú eres el Dios que sana a la *Hermana o Hermano (nombre del paciente)* y Te agradecemos por su sanidad en el nombre de Tu Hijo, Jesucristo, que es el Señor y cuyo nombre está por encima de todos los nombres. Amén." Siempre recuerda orar la Palabra de Dios sobre los pacientes. Recuerda, Isaías 53:5 y 1 Pedro 2:24.

Si se encuentra presente un miembro de la familia o un amigo, pide que Dios también lo bendiga a él o a ella.

Compartir la Comunión Sagrada con un paciente

Si el o la paciente cree en el Señor Jesucristo, puede ser que pida participar de la Comunión Sagrada. Puede ofrecerle la Comunión Sagrada al paciente que sabe o cree que es cristiano.

Al servir la Comunión Sagrada, contempla que el paciente esté despierto, alerta y listo para recibirla. Puede invitar a algún visitante que crea en el Señor, Jesús Cristo para que también reciba la Comunión Sagrada. Tenga cuidado de servir los elementos en una bandeja propia para evitar ocupar el espacio de la mesa del paciente. De ser necesario, puede sustituir el agua por jugo y el pan con una galleta pequeña. Asegúrale al paciente el amor de Dios y Su aprecio por el deseo de su corazón como lo más importante para Dios.

Comienza la ceremonia declarando una oración de arrepentimiento y perdón por los demás, reconociendo la importancia del sacrificio de Jesús por los pecados. Consagra y distribuye los elementos. Explica el propósito de la Comunión

Sagrada, para que todos los presentes la comprendan. Lee una escritura de comunión, como 1 Corintios 11:23-26.

Porque yo recibí del Señor lo que también os he enseñado: Que el Señor Jesús, la noche que fue entregado, tomó pan; y habiendo dado gracias, lo partió, y dijo: Tomad, comed; esto es mi cuerpo que por vosotros es partido; haced esto en memoria de mí. Asimismo tomó también la copa, después de haber cenado, diciendo: Esta copa es el nuevo pacto en mi sangre; haced esto todas las veces que la bebiereis, en memoria de mí. Así, pues, todas las veces que comiereis este pan, y bebiereis esta copa, la muerte del Señor anunciáis hasta que él venga.

Hágale saber al paciente que puede tomar la Comunión Sagrada diaria en unión con el Señor. Muchos creyentes por todo el cuerpo de Cristo, toman de la Comunión Sagrada todos los días, especialmente para la sanidad. Debe servir la comunión con reverencia y tratar al paciente de la misma manera. El apóstol Pablo advierte contra la deshonra de la Última Cena. *"De manera que cualquiera que comiere este pan o bebiere esta copa del Señor indignamente, será culpado del cuerpo y de la sangre del Señor"* (1 *Corintios* 11:27). Si el o la paciente no está claro sobre el significado y la importancia de la sagrada, orar con el o ella y dar al Espíritu Santo tiempo para ministrar. Tal vez en la siguiente visita, el paciente puede estar listo para conmemorar el sacrificio de Jesús con una comprensión más clara.

Tenga en mente que demostrando consideración de las necesidades del paciente y los protocolos hospitalarios honra a Dios y permite el ejercicio de la fe en el poder de sanidad de la Eucaristía con una consciencia clara y una apreciación por el sacrificio de Jesús

Escrituras para
la Comunión Sagrada

"And as they were eating, Jesus took bread, and blessed it, and brake it, and gave it to the disciples, and said, Take, eat; this is my body. And he took the cup, and gave thanks , and gave it to them, saying , Drink ye all of it; For this is my blood of the new testament, which is shed for many for the remission of sins."

Mateo 26:26-28

"Y mientras comían, Jesús tomó pan y bendijo, y lo partió y les dio, diciendo: Tomad, esto es mi cuerpo. Y tomando la copa, y habiendo dado gracias, les dio; y bebieron de ella todos. Y les dijo: Esto es mi sangre del nuevo pacto, que por muchos es derramada. De cierto os digo que no beberé más del fruto de la vid, hasta aquel día en que lo beba nuevo en el reino de Dios."

Marcos 14:22-25

"Y tomó el pan y dio gracias, y lo partió y les dio, diciendo: Esto es mi cuerpo, que por vosotros es dado; haced esto en memoria de mí. De igual manera, después que hubo cenado, tomó la copa, diciendo: Esta copa es el nuevo pacto en mi sangre, que por vosotros se derrama."

Lucas 22:19-20

"Por tanto, pruébese cada uno a sí mismo, y coma así del pan, y beba de la copa.."

1 Corintios 11:28

Pacientes que están durmiendo

Si al golpear suavemente la puerta tiene que esperar escuchar una respuesta, y, casi susurrando, saludar al paciente. Pronuncia su nombre y el propósito de su visita, "Dios le bendiga (Hermano o Hermana... Nombre del paciente), soy el Ministro (Su nombre) de (El nombre de la iglesia a la que representas).

Estoy aquí para orar por usted". Si sigues esperando una respuesta, puede ser que el paciente esté durmiendo. Abre la puerta con suavidad y, lo más sigilosamente posible, observa al paciente.

Si el o la paciente se encuentra dormido, es porque el descanso es un elemento esencial de la sanidad. En sus esfuerzos por recuperarse del dolor, los pacientes a veces toman medicamentos que causan sueño. Evita acercarte a la cama del paciente porque de otra forma podrías despertarlo. Las sorpresas repentinas pueden causar una ansiedad innecesaria en los pacientes y podrían hacer que su visita no sea del todo bienvenida. En lugar de eso, retírate en silencio y pronuncia una oración en voz baja en la puerta de la habitación. Jesús se escucha y aunque el paciente pueda no estar al tanto de su presencia, Él sí lo está.

Pacientes que están sedados, inconscientes o en coma

Cuando los pacientes están sedados, inconscientes o en coma, puede ser que la enfermedad del paciente le haya causado un daño importante en el cuerpo. A veces, los médicos del paciente tratan a los pacientes con medicamentos que sirven para reducir el dolor.

También se utilizan ciertos medicamentos potentes para sedar a los pacientes. A veces también puede suceder que los pacientes no puedan respirar por sus propios medios y necesiten de la asistencia de un respirador y otros medios artificiales. En estos casos, puede acercarte en silencio a la cama del paciente.

Pon su mano sobre la del paciente, inclínate sigilosamente y susurra al oído del paciente. Dile quién es y el propósito de su visita. Recuerda siempre extenderle el amor al paciente en nombre de su pastor.

Si el paciente no es salvo o si no está seguro de que lo esté, puede guiar a la persona a Cristo susurrando una oración de salvación al oído del paciente. Continúa con la oración por la sanidad. Cuéntale al paciente acerca del amor de Jesús por él o ella, que su pastor le ama y que ustedes ambos seguirán orando por él o ella.

Si se encuentra presente un miembro de la familia o un amigo, pide a Dios que también los bendiga. Pregunta si el paciente necesita algo. Dales amor y diles que usted y su pastor seguirán orando. Aléjate en silencio de la habitación.

Pacientes que están muriendo

Por lo general, los pacientes que están muriendo son callados y no emiten respuesta. Algunos han dejado de comer y de hablar. Es muy común que los familiares se encuentren presentes. Conduce la visita como lo harías normalmente.

Recuerda que mucho después de que el paciente haya dejado de comer y de hablar, todavía pueden escuchar bastante bien. Cualquier conversación en la presencia de un paciente moribundo, aunque no emita respuesta alguna, puede ser escuchada por el mismo.

Apoya su mano sobre la del paciente e inclínate sigilosamente para susurrarle al oído del paciente. Dile al paciente quién es y el propósito de su visita. Recuerda extenderle el amor en nombre de su pastor.

Si el paciente no está salvado o si no está seguro de que lo esté, puede preguntar si les gustaría que ores por su salvación. Observa cualquier señal de aceptación o negación. Siempre honra los deseos del paciente o de su familia. Guía al paciente a Cristo susurrando una oración de salvación. Continúa con la oración por la sanidad. Cuéntale al paciente acerca del amor de Jesús por él o ella, que su pastor la o lo ama y que ambos seguirán orando por él o ella.

Si se encuentra presente un miembro de la familia o un amigo, pide a Dios que también los bendiga. Pregunta si el paciente necesita algo. Dales amor y diles que usted y su pastor seguirán orando. Aléjate en silencio de la habitación.

Luego de orar por un paciente

Al finalizar la oración, vuelve a asegurarle al paciente que el pastor le ama y que ambos seguirán orando por él o ella. Aléjate en silencio de la habitación.

Aunque algunos pacientes pueden decir que se sienten bien, siguen necesitando descansar. El recibir visitas requiere un gasto de energía, en especial si son visitas del clero, por la formalidad que involucra. Su visita debería terminar en cinco o diez minutos.

Sin embargo, evita parecer apurado. Un paciente que quiere o necesita hablar puede pedirle a usted que se quede más tiempo. Tenga en cuenta que la palabra de Dios junto con la presencia de usted y sus oraciones son alentadoras para el paciente y cualquier tipo de fuerza que obtenga el paciente debería preservarse lo más posible.

Al salir de la habitación de un paciente

Al salir de la habitación de un paciente, dirigirse al baño más cercano o al desinfectante de manos más cercano (sin que usted vean ni el paciente ni su familia) y lávese las manos. En los hospitales hay diferentes tipos de gérmenes. Es importante que usted no lleve ninguno de estos a su casa o a su familia.

Muchas habitaciones de pacientes están equipadas con lavamanos. Sin embargo, al terminar su visita, evita lavarse las manos en ese lavamanos o en cualquier lugar que el paciente pueda verse. Siempre utiliza los baños o los desinfectantes de manos en los que el paciente o su familia no puedan verse. Esto se permite lavarse las manos mientras se previene de cualquier malentendido y sin hacer pasar vergüenza a nadie.

La visita a los bebés

Cuando visite a bebés, debe ser muy cauteloso, ya que los bebés son los seres humanos más frágiles de todos. Los padres del bebé deberían estar presentes durante su visita. Al entrar a la habitación de un bebé, identifícate y también explica el propósito de su visita. Saluda a los padres, a cualquier otro miembro de la familia o a los amigos que puedan estar presentes y al bebé, llamándolo por su nombre. Exprésales su amor a los padres y a la familia en nombre de su pastor. Pregunta si los padres o el bebé necesitan algo.

Al posicionarte para orar, acércate a la cama del bebé. Evita levantar al bebé o hacer que se emocione de cualquier forma. Evita inclinarte sobre el bebé o respirarle sobre el rostro. Como señal de afecto o punto de contacto, y con el permiso de ambos padres, toca el antebrazo del bebé con un dedo (no la mano del bebé) al comenzar a orar.

Al finalizar la oración, vuelve a mencionarles a los padres que el pastor y usted los aman y que seguirán orando por el bebé y por la familia. Aléjate de la cama en silencio y salga de la habitación. Dirigirse al baño o al desinfectante de manos más cercano (sin que la familia se vea) y lávese las manos.

La visita a los ancianos

Los ancianos disfrutan de alguien que los escuche. Aprende a seguir sus conversaciones cuando los visite. Comienza introduciéndote y de ahí en más observa. Si un anciano quiere hablar, escucha. Puede ser que un anciano sólo desee algo de compañía a su lado o jugar a algo, como las damas. Siempre pregunta si hay algo que pueda hacer por el paciente. Dios se bendecirá a usted.

Sin prometerlo, intenta visitar a los ancianos como si fuera una rutina. Muchas veces los ancianos están en soledad y esperarán su visita. Si no logra cumplir con una visita, el anciano puede apreciar que lo llame por teléfono. Para los ancianos, la consistencia y la calidad importan más que la duración de la visita. En cada visita, la presencia de usted declara, "No ha sido olvidado."

La visita a los enfermos mentales

Las enfermedades mentales aquejan a la gente de todas las edades, grupos étnicos, oficios y religiones. La gente que sufre de una enfermedad mental necesita la misma empatía, compasión y cuidados que los que sufren de enfermedades físicas. Por la naturaleza de las enfermedades mentales y el estigma que acarrean tradicionalmente, los pacientes a los que visita usted brindarán una confianza especial y valiosa. Recuerda que como con todos los pacientes, Jesús confía en que usted no los juzgarás.

Cuando visite a los enfermos mentales, es aconsejable que haga que la visita sea corta sin parecer que está apurado. A pesar de verte alegre al llegar, recuerda que una visita larga puede estresar al paciente. Como con los pacientes que sufren enfermedades físicas, los enfermos mentales pueden estresarse si su visita dura mucho tiempo. Todos los pacientes necesitan descansar, incluyendo a los enfermos mentales porque el cansancio se puede dar en todos los niveles.

Recuerda que los enfermos mentales también pueden verse ansiosos a veces y pueden pedir su asistencia en muchos aspectos, incluyendo que los saque del hospital. Incluso puede escuchar que digan que allí no los tratan bien. Debe ser compasivo, pero intenta evitar hablar de cosas que no lleven a buen puerto. Enfoca su conversación en la gratitud, en el amor de Dios, en la fe y en las bendiciones. Su visita debería dejar al paciente sintiéndose fuerte y alentado. Esfuércese por siempre dejar al paciente con una sonrisa en su rostro. Comparta todas las preocupaciones del paciente con algún miembro de su familia y permite que la familia intervenga en nombre del paciente.

La visita a los enfermos crónicos

Las enfermedades crónicas son una condición que es continua, persistente, obstinada, parecería que nunca terminará o recurrente por largos períodos de tiempo. Los pacientes que sufren enfermedades crónicas necesitan consistencia en sus cuidados, oración y aliento. Intenta visitarlos con regularidad, ya que la naturaleza de la enfermedad crónica alimenta a la soledad y al cansancio de los pacientes. La consistencia y la calidad importan mucho a los enfermos crónicos. En cada visita, su presencia declara, "No ha sido olvidado."

Cuarta parte

Los aspectos prácticos

"Porque Jehová da la sabiduría, Y de su boca viene el conocimiento y la inteligencia.."

Proverbios 2:6

Seguro de salud y seguro de vida

Sin duda, los beneficios de los seguros de salud y de vida nos informan acerca de las opciones en cuanto a tratamientos. A veces la conversación en cuanto a estos seguros puede darse en momentos inoportunos, como cuando el paciente está más necesitado de alguna cobertura. En el caso ideal, es bueno saber que las preocupaciones económicas pueden evitarse de antemano. Los familiares de los pacientes también sienten tranquilidad cuando no hay problemas y dificultades para la atención, en medio de los momentos difíciles que tienen que ver con la despedida.

Muchas veces los pacientes que no tienen cobertura de salud ni seguro de vida prefieren no buscar la atención médica que necesitan. Debieran saber que muchos hospitales públicos ofrecen lo que se conoce como atención de caridad para los que no tienen seguro. Además, hay organizaciones federales y estatales que ofrecen asistencia económica a personas, niños y familia y que también brindan seguros de salud y de vida a precios reducidos o incluso, sin costo alguno.

Por otra parte, los veteranos de guerra estadounidenses pueden gozar del beneficio de seguros de salud que podrían incluir a sus cónyuges e hijos. También cuentan con beneficios en el caso de los servicios fúnebres. Por ejemplo, el veterano que muere en un hospital podría contar con beneficios que incluyen el servicio fúnebre, el servicio memorial y la sepultura. El veterano que muere en su casa podría ser sepultado sin cargo gracias a este beneficio. Depende de los criterios individuales, un veterano puede calificar para un seguro de vida también.

Como ministro uno tal vez tenga la oportunidad de alentar a un paciente o a la familia de un paciente que pasan por la preocupación del cuidado de salud o del seguro de vida. Uno puede brindarles a los pacientes y a sus familias el material informativo que puede ayudarles a buscar y obtener servicios adecuados a sus necesidades, personales o grupales. Hay muchos recursos disponibles de los que podemos informarles, entre ellos:

Consejo nacional para ancianos:
Centro nacional de alcance e inscripción para beneficios
(National Council on Aging: National Center for Benefits Outreach & Enrollment)

1901 L Street, NW
4th Floor
Washington, D.C. 20036
202.479.1200
http://www.benefitscheckup.org/

Centros para servicios de Medicare y Medicaid
(Centers for Medicare & Medicaid Services)

7500 Security Boulevard
Baltimore MD 21244-1850
1800-633-2273
http://www.medicare.gov

Departamento de Asuntos de Veteranos
(U.S. Department of Veterans Affairs)

810 Vermont Avenue, NW
Washington, DC 20420
1-800-827-1000

y

Seguro de vida para veteranos
(Veterans Life Insurance)

(Service members and/or Veterans Group Life Insurance Program)
1-800-419-1473

(All other VA Life Insurance Programs)

1-800-669-8477
http://www.va.gov/
http://www.vba.va.gov/VBA/espanol/factsheets/ins urance/SGLIsp_0906.doc

Instrucciones anticipadas: Testamento en vida, Poder perdurable para cuidado de la salud, Representante de salud, y Orden de no resucitar

Los hospitales de hoy requieren de información que incluye los aspectos referidos a las instrucciones anticipadas del paciente. Cada vez más, el personal sanitario necesita preguntar y en algunos casos, alentar a los pacientes a pensar en que podrían preparar instrucciones por anticipado. En muchos casos el personal médico sugiere y hasta organiza una reunión del paciente con un asistente social, con el fin de poder conversar sobre los usos y beneficios de las instrucciones anticipadas.

Habrá pacientes que sentirán alarma ante las implicancias de estas instrucciones anticipadas. Pero no necesitan preocuparse, porque la información requerida es hoy parte de los trámites de admisión, más allá del propósito o duración de su internación. El personal del hospital tiene que explicar que las instrucciones anticipadas son un mecanismo que le permiten al paciente mantener el control sobre las decisiones personales en cuanto a su salud.

Según el estado, hay distintos tipos de instrucciones anticipadas sobre el cuidado de la salud, que incluyen: El Testamento en vida, El Poder perdurable para el cuidado de la salud, El Representante de salud, y la orden de no resucitar. Al preguntarle a un paciente sobre las instrucciones anticipadas, el personal del hospital tal vez utilice el término Testamento en vida. Como la instrucción anticipada y el testamento en vida tienen propósitos similares y a veces son intercambiables en distintos lugares, quizá sólo haga falta un único formulario.

La principal distinción entre una instrucción avanzada general y un testamento en vida es que la instrucción anticipada general le permite al paciente designar a un tercero para que tome decisiones de emergencia en cuanto a su salud, si el paciente no puede hacerlo. Los testamentos en vida habitualmente indican los deseos expresos del paciente en caso de su incapacidad, sin designar a un tercero específicamente. Tanto la instrucción anticipada como el testamento en vida consisten de instrucciones del paciente por escrito que se refieren al uso de procedimientos que pudieran salvarle la vida, como la resucitación cardio-pulmonar, el uso de respiradores o equipos mecánicos de distinta índole en caso de que el paciente no pudiera tomar conscientemente tales decisiones de emergencia.

Si el paciente prefiere no dejar instrucciones por escrito en caso de incapacidad, pero prefiere confiar en uno de sus seres queridos para que tome las decisiones, entonces el paciente puede preparar un poder perdurable para el cuidado de su salud, o nombrar a un representante de salud, que tomará tales decisiones. El representante de salud suele actuar en el nombre del paciente que, aunque esté consciente y pueda hablar, tal vez no tenga capacidad para comprender plenamente o procesar datos complejos debido a algún impedimento, por lo cual no podría tomar decisiones.

Observemos que los términos que se utilizan para hacer referencia a cada una de las formas que adoptan las instrucciones anticipadas pueden variar de estado en estado, y que en muchos casos se utilizan de manera intercambiable. En algunos estados, el factor que distingue al representante de salud y al poder perdurable es lo siguiente: La designación de un Representante de salud deja toda decisión referida al cuidado de la salud en las manos de esta persona. El Representante de salud esta normalmente nombrado en un documento de una página, sin muchos detalles. El poder perdurable asigna también a una persona, pero le permite al mismo tiempo al paciente hacer provisiones específicas en cuanto a limitaciones, y a instrucciones detalladas sobre sus deseos bajo condiciones determinadas en el cuidado de su salud. El poder perdurable para la atención médica es más expansivo, por lo general comprende varias páginas.

La orden de no resucitar es otra de las instrucciones anticipadas. Sus siglas en inglés son DNR, por "Do Not Resuscitate". La orden de no resucitar declara que en caso de que parezcan dejar de funcionar los pulmones y el corazón del paciente, no se le deberán hacer maniobras de resucitación cardo-pulmonar (CPR en inglés). La resucitación cardio-pulmonar convencional consiste de compresiones rítmicas sobre el pecho y respiración boca a boca, o para quien quiere evitar la respiración boca a boca, compresiones en rápida sucesión. En los hospitales y muchos otros lugares públicos la resucitación incluye un proceso conocido como desfibrilación. La desfibrilación implica el uso de electricidad, por medio de dos planchas que se ubican sobre el pecho de la persona, con el fin de que el corazón recupere su ritmo normal.

Los pacientes que optan por la orden de no resucitar deciden que no quieren que se les efectúen maniobras de resucitación cardio-pulmonar si surge una situación de emergencia que pone en riesgo su vida. La orden estará firmada por el paciente y su médico, y ubicada en la carpeta con la historia clínica de la persona. En caso de que fuera necesaria la resucitación cardio-pulmonar se consulta este documento para saber si hace falta o no efectuar maniobras a un paciente que parece haber fallecido.

Los pacientes y familiares debieran saber que la orden de no resucitar puede modificarse o anularse en cualquier momento si el paciente o su familia cambian de parecer. Si es así, hay que notificar de inmediato al médico del paciente, y con tal actualización de datos, se quitará de la historia clínica de la persona el formulario de la orden de no resucitar.

Todas las demás instrucciones anticipadas también pueden modificarse o anularse. Es importante notar que el paciente o su representante de salud tienen autoridad para efectuar modificaciones en las instrucciones anticipadas. El paciente también puede cambiar a la persona designada que hubiera nombrado con anterioridad en la instrucción anticipada general. En algunos casos, el paciente puede necesitar asistencia legal para poder anular un poder legal otorgado a quien hubiera designado anteriormente.

Calidad de vida

Algunos pacientes y sus familiares consideran que el tratar temas de calidad de vida implica una conversación muy subjetiva, en especial si se trata de una emergencia en la que hay que tomar decisiones. Por eso los pacientes pueden utilizar las instrucciones anticipadas para definir con anterioridad todo lo que respecta a su calidad de vida. El paciente tiene derecho a indicar en sus instrucciones anticipadas qué tipo de procedimiento y bajo qué circunstancias, prefiere que se lleven a cabo, incluyendo la resucitación cardiopulmonar.

La calidad de vida para un determinado paciente podría resultar inaceptable para otro. Por ejemplo, un paciente podría indicar que prefiere resucitación cardiopulmonar sólo en caso de que pudiera presumirse la posibilidad de que no dependiera de un respirador permanente. Pero otro paciente, en tratamiento de diálisis, podría indicar que prefiere continuar con la terapia sólo en caso de que la función cerebral no se viera afectada. Muchos pacientes equiparan la calidad de vida con la independencia y la autosuficiencia, y prefieren renunciar a tratamientos que prolonguen la vida si es que tienen la posibilidad de dejarles postrados, dependiendo de máquinas o de otras personas.

Para definir la calidad de vida de manera individual, hay muchas instrucciones específicas que cada paciente podrá incluir cuando prepara sus instrucciones anticipadas. El paciente puede especificar qué tipo de tratamientos o procedimientos de rescate prefiere, en distintas etapas o situaciones. Con el fin de especificar qué es lo que desea, podrá utilizar una planilla de instrucciones anticipadas provista por el hospital, y firmar una carta dirigida a su médico o equipo de médicos y personal sanitario, definiendo las circunstancias en que quiere que se efectúen maniobras de resucitación o prolongación de vida. Siempre y cuando pueda autenticarse el documento redactado por el paciente, serviría como instrucción anticipada.

La elección de las instrucciones anticipadas

Hay muchos hospitales y clínicas que brindan información y planillas a los pacientes y sus familias, con respecto a las instrucciones anticipadas. El paciente y sus familiares podrán leer la información, conversar y firmar en conjunto los formularios. Pero este proceso de conversar y tomar decisiones sobre las instrucciones anticipadas debe hacerse con tiempo. Conviene que el paciente conozca las instrucciones anticipadas antes de su internación, y también la forma de preparar dichas instrucciones.

Las instrucciones anticipadas le brindan al paciente el beneficio de saber que se han documentado sus deseos en caso de que surgiera la necesidad de tomar decisiones en una emergencia. Además, los familiares se ahorrarán la dolorosa dificultad emocional de tener que tomar una decisión de vida o muerte en nombre de la persona enferma, en especial si no conocen qué es lo que desea.

En la posición correcta, los pacientes, así como los seres queridos de los pacientes, tienden a apreciar las discusiones iniciadas por hacer preguntas sobre las directivas anticipadas. Miembros de la familia a menudo encuentran alivio en saber los deseos de avance de un paciente, ya sea formalizado en una directiva anticipada o simplemente declarado para el registro.

Aunque las instrucciones anticipadas y los testamentos en vida no son algo obligatorio, es aconsejable que los pacientes hablen sobre sus deseos y preferencias con sus familias o seres amados. Habrá situaciones, sin embargo, en las que el paciente se sienta incómodo hablando de sus deseos con alguien de la familia o con un ser amado. En este caso, el paciente podrá confeccionar un formulario o planilla con instrucciones avanzadas con el sólo fin de informar a su familia sobre lo que prefiere.

En raras ocasiones el paciente podrá confiarse a usted, como ministro, las decisiones referidas a su salud en casos de emergencia. Si el paciente o su familia piden la opinión de usted, es importante que recuerde que lo que ha de regir sus decisiones ha de ser el deseo del paciente. Si encuentra que tiene que participar en la toma de decisiones, tómalo como un privilegio sagrado. Ora sin cesar, y mantén a la familia lo más cerca posible, excepto en el caso de que el paciente se haya pedido confidencialidad. Si el paciente se designa a usted como representante para que tome decisiones sobre su salud en casos de emergencia, tal designación tiene que figurar en la historia clínica del paciente.

Cuando sabe que el paciente busca su opinión, intenta conversar sobre los deseos del paciente. A veces, el paciente se siente mejor si conversa con sus seres amados o con un ministro, en lugar de escribir o marcar casillas en un formulario. Es posible que se deba a su incapacidad para considerar cualquier circunstancia imprevista o atenuante que afectan a la volatilidad de la salud del paciente. Además, el paciente necesita sentirse cómodo con el hecho de que las instrucciones anticipadas reflejan sus preferencias en ese momento. Los pacientes han de saber que tanto las instrucciones anticipadas como los testamentos en vida, pueden modificarse y anularse, y que pueden hacer una u otra cosa en cualquier momento.

Entre los recursos disponibles, los pacientes y sus familias quizá quieran recurrir a estas entidades con el fin de informarse y conocer los protocolos específicos de su estado, antes de confecciones instrucciones anticipadas:

Asociación de Abogados de los EE.UU
(The American Bar Association)

740 15th Street, N.W.
Washington, DC 20005
800-285-2221

o

321 North Clark Street
Chicago, IL 60654
312-988-5000
http://www.americanbar.org

Registro de Testamentos en Vida
(U.S. Living Will Registry)

523 Westfield Ave., P.O. Box 2789
Westfield, NJ 07091-2789
1-800-548-9455
http://www.uslivingwillregistry.com

De a dos

Leemos en Marcos 6:7: *"Después llamó a los doce, y comenzó a enviarlos de dos en dos; y les dio autoridad sobre los espíritus inmundos"*. Mateo 21:1 diga *"Cuando se acercaron a Jerusalén, y vinieron a Betfagé, al monte de los Olivos, Jesús envió dos discípulos"*. En 1 Samuel 15:22, Samuel pregunta: *"¿Se complace Jehová tanto en los holocaustos y víctimas, como en que se obedezca a las palabras de Jehová? Ciertamente el obedecer es mejor que los sacrificios, y el prestar atención que la grosura de los carneros."* Jesús decidió enviar a sus discípulos de dos en dos. Es su ejemplo que obedecemos y seguimos.

Piensa en los apóstoles Pedro y Juan, en Hechos 3:1-4: *"Pedro y Juan subían juntos al templo a la hora novena, la de la oración. Y era traído un hombre cojo de nacimiento, a quien ponían cada día a la puerta del templo que se llama la Hermosa, para que pidiese limosna de los que entraban en el templo. Este, cuando vio a Pedro y a Juan que iban a entrar en el templo, les rogaba que le diesen limosna. Pedro, con Juan, fijando en él los ojos, le dijo: Míranos."*

Cuando visite juntos con otro ministro, está asegurando de que ambos den testimonio y compartan la misma experiencia. Así, pueden cubrirse en oración el uno al otro. el viajar con otro ministro también ayuda a aliviar los malos entendidos y responsabilidades. Pablo, en Romanos 10:2, dijo de un pueblo al que Dios ama: *"Porque yo les doy testimonio de que tienen celo de Dios, pero no conforme a ciencia."* Aunque sientas entusiasmo y tenga voluntad de ir a solas, siempre lleva a otro ministro con usted. Es para protegerte. Es sabiduría. Es la forma en que Dios obra.

Proverbios 4:7 enseña: *"Sabiduría ante todo; adquiere sabiduría; y sobre todas tus posesiones adquiere inteligencia."*

Quinta parte

Consejo y consuelo

"El cual nos consuela en todas nuestras tribulaciones, para que podamos también nosotros consolar a los que están en cualquier tribulación, por medio de la consolación con que nosotros somos consolados por Dios."

11 Corintios 1:4

Ayudar a los pacientes y sus familias a tomar decisiones difíciles

La enfermedad crónica o grave que sobreviene de repente puede obligar a las personas y sus familias a enfrentar difíciles decisiones de vida, y a enfrentar problemas respecto de la calidad de vida en algunos casos, para determinar qué concesiones se permitirán con el fin de prolongar o sostener la vida. Podrá encontrarse con una familia que cree que su ser amado requiere de asistencia respiratoria mecánica para poder seguir viviendo. A veces los pacientes se agotan y quedan exhaustos por los tratamientos agresivos o los efectos colaterales de la medicación, y junto con sus familias, piensan en elegir un lugar, un hospicio donde brindan cuidados especiales.

También hay familias que enfrentan grandes decisiones cuando uno de sus miembros sufre una enfermedad crónica y piensan si conviene que el enfermo vaya a un lugar donde brindan cuidados de este tipo, o si mejor sería si su ser amado permaneciera en casa. Los familiares pueden expresar su deseo de cuidar a la persona en casa, pero es posible que los abrumen los horarios de trabajo, la crianza de los hijos o las limitaciones del espacio.

Es probable que sea testigo de la forma en que aumentan las tensiones cuando las familias tienen que lidiar con las implicancias de una u otra decisión. Muchas veces, la raíz de la indecisión consiste en que se sienten impotentes, con miedo, agotados, culpables o incluso avergonzados. Quizá les pidan a usted una opinión sobre lo que debiera hacer el paciente o la familia. Y usted preguntará: "¿Qué les digo?"

Como ministro del evangelio tiene que creer todo el evangelio de Jesucristo. Eso implica creer en los deseos y promesas de sanidad de Jesús, y también en Su soberana decisión para que, de las cenizas de la muerte y la desesperación, surja mayor gloria y la oportunidad del ministerio. Jesús, que podría haber impedido Su propia muerte como lo ilustran Mateo 26:53 y Hebreos 12:2, decidió morir para que otros pudieran vivir. La muerte de Jesús abrió la posibilidad de cumplimiento del plan de Dios para la provisión de la vida aquí y en la eternidad, para toda la humanidad. Recuerda que el plan de Dios siempre es para la vida, más allá de las circunstancias inmediatas.

Si bien los pacientes y sus familias pueden pedir la opinión de usted cuando enfrentan decisiones importantes referidas a la salud y la atención del enfermo, considera la opción de guardarte lo que pienses y más bien, lograr que el paciente y su familia conversen (una o varias veces, si hace falta) sobre lo que siente cada uno. Encuentra un momento y un lugar tranquilo (no en la habitación del paciente) para orar y conversar con la familia. Asegúrales que lo que vaya contándote cada uno será mantenido en confidencialidad, para que puedan expresar lo que sienten. Si el paciente puede conversar con usted, también habla en privado con la persona y asegúrale que lo que diga será confidencial. Escucha con compasión.

Habrá momentos en que, sin que esté presente su familia, el paciente confíe en usted que desea partir de esta vida. En ocasiones, habrá pacientes que se dirán que están cansados y quieren "ir a casa". Los pacientes muchas veces intentarán resistirse a morir, y lo harán, con tal de calmar a los familiares que no están preparados para dejarle ir.

El sufrimiento es una experiencia altamente subjetiva e individual. El Espíritu Santo es en realidad el único que entiende de veras lo que experimenta la persona que sufre. Con frecuencia, cuando muere un paciente, la familia se pregunta si sus oraciones para que sanara fueron escuchadas. Considera la omnisciencia del Espíritu Santo que permite la divina intercesión por los pacientes y también por sus familiares. Piensa en Romanos 8:26-27.

> *Y de igual manera el Espíritu nos ayuda en nuestra debilidad; pues qué hemos de pedir como conviene, no lo sabemos, pero el Espíritu mismo intercede por nosotros con gemidos indecibles. Mas el que escudriña los corazones sabe cuál es la intención del Espíritu, porque conforme a la voluntad de Dios intercede por los santos.*

A veces el Espíritu Santo decide responder a la silenciosa oración del paciente que pide alivio del dolor terrenal, a través de la comunión eterna con Jesús.

Como miembro del clero sirves como guía compasivo asistiendo a las familias en la toma de decisiones difíciles. Al brindarles consejos, permites que los pacientes y sus familias puedan explorar y compartir sus preocupaciones. Ora con y por los pacientes y sus familias, para que la paz de Dios guíe sus corazones. Recuerda que es más beneficioso para los pacientes y sus familias que puedan llegar a sus propias conclusiones. Porque sólo entonces pueden permanecer tranquilas las consciencias de todos, incluyendo la tuya.

Su permanente oración, apoyo y compasión ministran el amor de Dios que necesitan los pacientes y sus familias. Incluso si sientes la tentación o presión de decirles a los pacientes o sus familiares lo que piensas que debieran hacer, recuerda las sabias palabras del apóstol Pablo: *"Todo me es lícito, pero no todo conviene; todo me es lícito, pero no todo edifica" (1 Corintios 10:23).*

Cuando la muerte parece inminente

Cuando la muerte parece inminente los familiares tal vez sientan desaliento y les pregunten a usted qué han de hacer. El paciente podrá contarte qué es lo que desea para cuando haya fallecido. Sigue orando con el paciente y la familia pidiendo sanidad, y cree en Dios. Sin embargo, cuídate de estar escuchando siempre con entendimiento y paciencia.

En oración, evita juzgar al paciente o su familia cuando la conversación trate el tema de la muerte. Recuerda que lo que permanece es la fe en la sanidad, incluso en medio de los preparativos para la muerte. A veces, el paciente ya ha decidido que quiere estar con Jesús. Los pacientes que se acercan a la muerte muchas veces hablan y sueñan con su experiencia y es usual oír que mencionan a seres queridos que ya han partido. Hasta pueden decir que han visto a seres queridos que partieron, o que tienen experiencias espirituales en las que ven o están con ángeles o incluso con el Señor Jesús.

Como ministro, mantén la actitud de permitir que los pacientes puedan hablar y confiar en usted con respecto a sus experiencias si lo desean. Tendrán quizá la oportunidad de ministrar la certeza de la salvación en medio de los miedos e incertidumbre del paciente. Su comprensión, su actitud libre de juicio y el hecho de escuchar activamente podrán aliviar ansiedades relacionadas con esa inminente partida de esta vida. Además, los pacientes que se hablan sobre sus experiencias están demostrando que confían en la capacidad de usted para ser sensible y afirmarlos. Recuerda que los pacientes gravemente enfermos y cercanos al momento de morir, pocas veces hablarán de más.

Como ministro piensa en hablar con la familia respecto de las consideraciones prácticas que tienen que ver con la muerte de su ser querido cuando usted o la familia perciban que se acerca el momento de la muerte. Sin embargo, suele ser mejor que sea la familia la que inicie la conversación sobre la posibilidad de que muera el paciente. Si parece que la familia no está preparada para la inminente partida del paciente y ha formado una relación de comunicación con la familia, que se permitiría formar parte de tal conversación, piensa en lo siguiente:

Si la familia del paciente habla con usted *voluntariamente* sobre la prognosis o lo que preocupa al médico del paciente, escucha con actitud comprensiva y dirige la conversación a sus sentimientos. Formula preguntas que los apoyen, para guiarlos en el proceso de pensamiento para la toma de decisiones. Guía la conversación hacia los deseos del paciente como tema central.

Habrá momentos en que verás que los pacientes están más decididos respecto de los posibles desenlaces, de lo que lo están sus familiares. Es posible que quieran hablar de lo que sienten con sus familiares, y hacer los últimos preparativos. Los amigos o familiares a veces se sienten incómodos cuando los pacientes intentan despedirse o dejar instrucciones. Notará que algunos cambian el tema o descartan esos intentos del paciente de conversar en serio sobre la muerte. No juzgue a nadie, ni en su interior ni por medio de su expresión visible.

También es posible que haya quienes no están preparados para la idea de vivir sin su ser querido.

Además, hay familiares o amigos que podrían equiparar la resistencia a morir con la demostración de la fe en la sanidad, de modo que para ellos toda aceptación de que la muerte se acerca estaría negando el poder de la fe.

Los familiares necesitan consejos acerca de qué señales físicas han de esperar, y a quién tendrán que llamar si el paciente muere. Entre esas señales se cuentan la presión arterial extremadamente baja durante mucho tiempo, o el hecho de que el paciente ya no hable ni quiera ingerir alimentos o líquidos, y que sus funciones corporales vayan cesando de manera evidente, además del sueño continuo. Los indicadores de que se acerca el fin de la vida también pueden incluir la respiración ruidosa. Es un término médico que usan los profesionales para describir el ronquido que sale de la garganta del paciente cuando pasa el aire a través la mucosidad que se acumula allí. Sea que el paciente muera en casa o en un hospital, puede ser un momento de gran angustia para la familia.

Donación de tejidos y órganos

La donación de órganos es un tema que suele surgir en dos situaciones: una, cuando puede salvarse o prolongarse la vida de alguien mediante el trasplante de órganos, tejidos o sangre sana de una persona viva; y dos, cuando el personal médico cree que la muerte inminente de un paciente puede dar como resultado la prolongación de la vida para otro.[1] Si un paciente es candidato para el trasplante de un órgano, tejidos o sangre, sus familiares o seres queridos pueden hacerse análisis para ver si alguien es compatible y puede hacerse la donación de manera segura. Si no hay nadie compatible en la familia o las amistades, el paciente podrá ser anotado en la lista de espera para trasplantes órganos nacionales. El personal médico y los representantes de organizaciones de donación de órganos ayudan al paciente y a su familia a lo largo del proceso de prepararse para un trasplante, que incluirá cuidado continuo, seguros y consideraciones económicas.

---

[1] Committee, OPTN/UNOS Patient Affairs. "Talking About Transplantation: What Every Patient Needs to Know." United Network for Organ Sharing, 2011.

En caso de que la muerte inminente se deba a una repentina o grave incapacidad de una persona sana en todos los demás aspectos, el personal de la salud podrá hablar con la familia sobre la donación de órganos y tejidos. Por lo general hay representantes de organizaciones de donación de órganos en los hospitales, que podrán hablar con las familias cuando se presenta el caso. Las organizaciones de donación de órganos que trabajan en conjunto con pacientes, familias y personal médico, preparan a su personal para que faciliten el proceso de trasplante de órganos donados.

La familia del paciente podrá encontrarse con que les visita un representante de alguna organización de donación de órganos, si el médico certifica que la actividad cerebral del paciente ha cesado de manera irreversible. El personal médico define que ya no hay actividad cerebral y es ese el momento en que termina la vida, incluso si puede mantenerse artificialmente vivo al paciente. Cuando eso ocurre, los órganos y tejidos de la persona pueden seguir funcionando durante un tiempo. Hay donaciones de órganos y tejidos que pueden hacerse apenas muere la persona. Pero para ser exitosos, hay otras donaciones como las de corazón, en las que tiene que removerse el órgano mientras el cuerpo del paciente todavía tiene vida.

Hay familias que tienen que enfrentar decisiones difíciles en cuanto a la calidad de vida y la donación de órganos en casos de incapacidad repentina. Puede ser difícil para ellos saber qué querría hacer el paciente, si se le pudiera preguntar. A menos que lo indique de manera expresa la licencia de conducir o el documento de identidad, la donación de órganos y tejidos es una decisión que pertenece al paciente y su familia. Sería conveniente que las personas y sus familias pudieran hablar de esto con anterioridad al momento en que hubiese que tomar una decisión de inmediato.

Hay muchos recursos disponibles para las personas y las familias que buscan más información sobre la donación y el trasplante de órganos y tejidos, entre ellos:

Departamento de Salud y Servicios Humanos de los EE.UU.
(The U.S. Department of Health and Human Services)

200 Independence Avenue, S.W.
Washington, D.C. 20201
Toll Free: 1-877-696-6775
http://www.organdonor.gov

y

Junto a su equipo de trasplante: Guía para el paciente
(Partnering With Your Transplant Team: A Patient's Guide to Transplantation)

Un folleto preparado por la United Network for Organ Sharing (UNOS)
http://optn.transplant.hrsa.gov/ContentDocuments /PartneringWithTransplantTeam_508v.pdf

Centro de asistencia al donante vivo
(National Living Donor Assistance Center, NLDAC)

2461 S. Clark Street, Suite 640
Arlington, VA 22202
Phone: 703.414.1600
Toll Free: 888.870.5002
http://livingdonorassistance.org/

Programa educativo nacional de trasplante de órganos y tejidos en menores
(The National Minority Organ and Tissue Transplant Education Program)

903 D Street- 2nd Floor
Washington, DC 20002-6127
240 280 9410
http://www.mottep.org/

¿Qué ofrece un centro de cuidados paliativos?

Centro de cuidados paliativos es el nombre con que se conoce también a los hospicios. Son lugares para pacientes con diagnósticos de enfermedad terminal, que se han negado a seguir con tratamientos agresivos. Cuidados paliativos es la atención que tiene por objeto mantener al paciente cómodo y sin dolor, todo lo posible. Los tratamientos agresivos incluyen las cirugías, los trasplantes, los tratamientos con drogas experimentales, la participación en protocolos de investigación o terapias como la diálisis, la radiación o la quimioterapia.

Para que el paciente sea admitido en un centro de cuidados paliativos hace falta que el médico certifique que el paciente tiene una expectativa de vida de seis meses o menos. En ese centro, el paciente hace una transición de tratamientos agresivos, para prolongar su vida, a recibir una atención que busca mantener la calidad de vida, que por lo general consiste en el control del dolor y en tratar de mantener físicamente cómoda a la persona.

Los médicos y enfermeras diseñarán un plan a medida de cada paciente, tomando en cuenta la historia clínica y los pedidos que haga para el futuro. El desarrollo de este plan de cuidados podría incluir la opinión de la familia en cuanto a la toma de decisiones, en especial cuando se está evaluando la posibilidad de cuidarlo en casa o de internarlo en un centro de cuidados paliativos.

Para quienes entran en un centro de cuidados paliativos es importante saber que la decisión de descontinuar las terapias que prolongan la vida implica que el énfasis estará puesto en mantener cómodo y confortable al paciente.

Una de las primeras cosas que hay que hacer cuando ingresa el paciente es firmar una Orden de No Resucitar. La razón por la que se pide esto al paciente es porque en las instalaciones y la filosofía del centro de cuidados paliativos no hay espacio para nada que interfiera con el curso natural de la vida y la muerte.

El paciente sí podrá recibir medicación contra el dolor por vía endovenosa. Pero, por lo general, se excluyen del plan de cuidado otras formas de terapia endovenosa como el líquido para impedir la deshidratación o la alimentación liquida.

Al visitar a pacientes en centros de cuidados paliativos, podrá ver que parte de la familia se angustia y preocupa porque el cuidado no incluye la alimentación forzada del paciente. Una de las razones es que el personal médico define "cuidados paliativos" como plan de cuidados para el *final de la vida*, que se vería impedido si se obliga al paciente a ingerir alimentos o líquidos. Los familiares podrán pedir que se le suministren por vía endovenosa pero han de saber que la alimentación forzada podría causar molestias al paciente, como la hinchazón del abdomen, brazos o piernas.

Los pacientes que sufren de determinadas enfermedades tienen dificultad para tragar. Al notar esta dificultad, en especial si se trata de líquidos, el personal médico advertirá a los familiares que es necesario evitar la aspiración. La aspiración es el proceso de líquidos o partículas de alimentos que entran en los bronquios y los pulmones en el esfuerzo por respirar.puede ser una experiencia extremadamente dolorosa y angustiante para el paciente, y su vida corre riesgo.

En cuidados paliativos el pensamiento convencional es que se trata de mantener a los pacientes confortables y sin dolor en la medida de lo posible, al tiempo de permitir que la vida del cuerpo siga su curso natural. Los pacientes que se acercan al final de la vida no necesitarán consumir alimentos y líquidos en la misma medida que alguien sano. Y además, el hecho de no ser sometidos a tratamientos médicos alivia al paciente de la penosa experiencia que a veces implican las medicaciones potentes y las terapias agresivas.

En el centro de cuidados paliativos es normal observar el deterioro gradual de la salud del paciente. Con ese deterioro, la familia comenzará a notar que el paciente pierde peso y no tiene apetito, además de que ya no puede concentrarse durante largos períodos. Eventualmente, el paciente deja de hablar y conversar, y duerme más que antes. El deterioro más serio se observa cuando la presión sanguínea disminuye a niveles indetectables, y el paciente respira con ronquido.

Quienes estén interesados en ubicar centros de cuidados paliativos o recursos de este tipo, podrán recurrir a las siguientes organizaciones:

Hospice Foundation of America

1710 Rhode Island Ave, NW
Suite 400
Washington, DC 20036
(800) 854-3402 o (202) 457-5811
http://www.hospicefoundation.org.

Organización nacional de hospicios y cuidados paliativos
(National Hospice and Palliative Care Organization)

1731 King Street, Suite 100
Alexandria, Virginia 22314
(800) 658 -8898 o 703/837-1500
http://www.nhpco.org

¿Qué hacer si el paciente fallece?

Si el paciente fallece en un centro de atención de la salud, el médico certificará la muerte y contactará por teléfono a la familia si no hay ningún familiar presente. Los familiares tal vez deban retirar los efectos personales del paciente y dar el nombre de la empresa de servicios fúnebres a quienes se entregará el cuerpo de la persona fallecida. Según haya sido el estado de salud del paciente, tal vez se pida a los familiares que donen uno o más órganos de la persona. La familia se tomará el tiempo necesario como para poder tomar una decisión informada si surge este pedido.

Si el paciente muere en casa, la familia debe contactar de inmediato al médico y luego a Servicios Médicos de Emergencia, o a la policía. Si el paciente recibe cuidados paliativos en casa, la familia deberá llamar al coordinador del centro que, a su vez, llamará al médico del paciente y a la policía. La familia suele contar con un número de emergencias que ofrece servicios las veinticuatro horas, y donde podrán contactar con el centro de cuidados paliativos. Cuando llega el servicio de emergencias o la policía la familia tendrá que brindar información sobre a quién o quiénes se entregará el cuerpo, habiendo hecho los arreglos necesarios con la empresa de servicios fúnebres para que retire el cuerpo.

Atención posterior para la familia

Cuando muere un ser querido la familia sufre, como grupo y también, de manera personal. Hay duelos más largos que otros. Es importante observar que quien sufre la pérdida de un ser querido necesita hacer su duelo, encontrando cómo expresar su dolor. Algunos regresan de inmediato al trabajo o a sus estudios. Es que para algunos, el mantenerse ocupados y con responsabilidades es una forma de hacer el duelo. Otros tal vez se retiren de la vida social durante un tiempo. Es otra forma de hacer el duelo. el duelo es la forma en que cada uno expresa su dolor. Es la forma en que permitimos que salga el dolor.

El dolor que se internaliza y no se expresa puede ser insalubre en términos emocionales, psicológicos y físicos. Es importante entender la diferencia entre el dolor y el duelo, porque esto nos permite ofrecer una guía compasiva a las familias y personas que están llorando la muerte de un ser querido.

Hay una frase que oyen muy seguido los que han perdido a alguien: *"Si hay algo que pueda hacer, pídemelo"*. Amigos, compañeros, colegas e incluso ministros, dejan a la familia dolida con esta sugerencia, sin ver que la persona golpeada por el dolor está tan abrumada que ni siquiera puede pensar en el esfuerzo de pedir ayuda. El dolor puede debilitar tanto a la persona que la fuerza mental o emocional para buscar ayuda ya no está. Muchas veces, en lugar de pensar en a quién pueden llamar y para qué, los familiares emocionalmente agotados suelen tratar de arreglárselas sin ayuda.

La familia dolida tal vez sepa que hay amigos y seres queridos que tienen sus propias responsabilidades laborales y familiares después de la formalidad de planificar y cumplir con los servicios fúnebres. Además, tal vez sientan que si piden ayuda, aunque sea al ministro, estarían molestando. Quienes sufren por la pérdida de un ser querido a veces querrían el apoyo o compañía de un amigo o ministro sólo para conversar, pero se sienten incapaces de pedirlo. En ocasiones, necesitan apoyo y no saben bien cómo expresar lo que les hace falta.

Como ministro, sus esfuerzos por acompañar a la familia de manera compasiva y consistente a lo largo del tiempo serán muy valorados. Sin poner la responsabilidad en los familiares en cuanto a que se pidan lo que necesitan, encuentra el tiempo de estar allí y permanecer cerca de ellos. De antemano tiene que saber que sí hay algo que puede hacer: estar presente, en el momento. Toma la iniciativa: *"Gozaos con los que se gozan; llorad con los que lloran" (Romanos 12:15)*. Usted está bien equipado a ministrar la gracia de Dios que permite proveer ayuda en tiempos de necesidad.

Recuerda que su apoyo y compasión impide que juzgues a las personas por la duración de su duelo o por la forma en que hacen el duelo. Siempre recuerda que su objetivo como ministro es el de ejercer la sabiduría y buscar la guía del Espíritu Santo para que pueda andar en la unción de "vendar a los quebrantados de corazón" (Isaías 61:1).

Conclusión

"*El fin de todo el discurso oído es este: Teme a Dios, y guarda sus mandamientos; porque esto es el todo del hombre.*"

Eclesiastés 12:13

"*Jesús le dijo: Amarás al Señor tu Dios con todo tu corazón, y con toda tu alma, y con toda tu mente. Este es el primero y grande mandamiento. Y el segundo es semejante: Amarás a tu prójimo como a ti mismo. De estos dos mandamientos depende toda la ley y los profetas.*"

Mateo 22:37-40

Complacer a La Audiencia de Uno

"...y tu Padre que ve en lo secreto te recompensará en público."

Mateo 6:18

Visitar a los enfermos es una de las acciones más benevolentes y obedientes que pueda hacer como ministro. La forma en que usted dedique a su responsabilidad determinará de qué manera Dios y las personas a quienes visita reciben su regalo. Es importante evaluar su objetivo cuando decide que responderá a la carga de visitar a los enfermos. La compasión como fuerza motivadora busca simplemente aliviar el sufrimiento ajeno.

¿Recuerdas que Jesús sentía compasión por los que Él veía sufrir? *"Y saliendo Jesús, vio una gran multitud, y tuvo compasión de ellos, y sanó a los que de ellos estaban enfermos"* (Mateo14:14). La compasión nace de la empatía, de la experiencia de poder identificarte con el dolor y el sufrimiento del otro. Cuando su propósito al visitar a los enfermos se basa en un auténtico deseo de representar al Bálsamo de Galaad, el resultado es la sanidad, y muchas veces será observable.

Podríamos decir que el visitar a los enfermos es un ministerio ingrato. Pero al pensar en el sentido de lo ingrato, más bien piensa en ello como en una bendición. La acción ingrata es aquella que no tiene reconocimiento, aprecio, recompensa o reciprocidad de parte de otro ser humano. Por ejemplo, cuando visita a un paciente que duerme y ora en silencio junto a la puerta antes de retirarse, el paciente ni se entera de su visita. Pero Jesús sí lo hace. Jesús es el público de una sola Persona.

El reconocimiento, el aprecio, la recompensa y la reciprocidad es algo que podemos anticipar cuando el objeto de esta esperanza es el Padre. Toda ambición que codicia el reconocimiento público, por sutil que sea, sólo nos da en el mejor de los casos una gratificación temporal pero al precio de la ganancia eterna. *"Sino haceos tesoros en el cielo, donde ni la polilla ni el orín corrompen, y donde ladrones no minan ni hurtan" (Mateo 6:20).*

¿Cómo saber si está buscando el aplauso del hombre? ¿Cómo saber si ese público de una sola Persona al que quiere agradar incluye a alguien más, que podría ser usted mismo? La confianza en Jesús, como público de una sola Persona, nos da una satisfacción que es plena y completa. Pero la necesidad interna de sentirnos afirmados, de buscar el aplauso, nos impulsa a la auto-promoción.

Digamos, por ejemplo, que uno puede planificar o esperar consciente o inconscientemente que haya otras personas presentes que nos verán cuando visitemos al enfermo, que nos elogiarán, que lo contarán a los demás. Por otra parte, podríamos hablar en tono piadoso sobre las visitas particulares y los sacrificios personales que eso implica, o los milagros obrados por mano propia. Las personas que buscan agradar a los demás hasta podrían llevar a no tomar en cuenta el protocolo del hospital, o violar la confianza de paciente y su familia cuando les hacemos sentir que no hacen falta ni sus oraciones ni su apoyo porque con lo que hagamos, basta. El orgullo es lo que hace surgir todo esfuerzo, consciente o inconsciente, de ignorar a ese público de una sola Persona, buscando la aprobación del gran público humano.

Los apóstoles obraban milagros porque estaban comprometidos con el público de una sola Persona. A pesar de que sólo eran vasijas, canales por los que fluía el poder del Espíritu Santo, notemos que la gente sanaba y sólo se alababa a Dios. Piensa en Hechos 3:1-8.

Pedro y Juan subían juntos al templo a la hora novena, la de la oración. Y era traído un hombre cojo de nacimiento, a quien ponían cada día a la puerta del templo que se llama la Hermosa, para que pidiese limosna de los que entraban en el templo. Este, cuando vio a Pedro y a Juan que iban a entrar en el templo, les rogaba que le diesen limosna. Pedro, con Juan, fijando en él los ojos, le dijo: Míranos. Entonces él les estuvo atento, esperando recibir de ellos algo. Mas Pedro dijo: No tengo plata ni oro, pero lo que tengo te doy; en el nombre de Jesucristo de Nazaret, levántate y anda. Y tomándole por la mano derecha le levantó; y al momento se le afirmaron los pies y tobillos; y saltando, se puso en pie y anduvo; y entró con ellos en el templo, andando, y saltando, y alabando a Dios. Y le reconocían que era el que se sentaba a pedir limosna a la puerta del templo, la Hermosa; y se llenaron de asombro y espanto por lo que le había sucedido. Y teniendo asidos a Pedro y a Juan el cojo que había sido sanado, todo el pueblo, atónito, concurrió a ellos al pórtico que se llama de Salomón. Viendo esto Pedro, respondió al pueblo: Varones israelitas, ¿por qué os maravilláis de esto? ¿o por qué ponéis los ojos en nosotros, como si por nuestro poder o piedad hubiésemos hecho andar a éste? El Dios de Abraham, de Isaac y de Jacob, el Dios de nuestros padres, ha glorificado a su Hijo Jesús.

Si bien a veces quien recibía la sanidad de Dios demostraba aprecio y honra hacia los siervos del Señor (Hechos 28:10) los apóstoles siempre se prohibían a sí mismos y a los demás, el confundir lo humano con lo divino: *"Cuando Pedro entró, salió Cornelio a recibirle, y postrándose a sus pies, adoró. Mas Pedro le levantó, diciendo: Levántate, pues yo mismo también soy hombre"* (Hechos 10:25-26).

Cuando más se centraban únicamente en agradar a ese público de Uno Solo, más milagros obraban. Como se ha demostrado por Jesús, amor debía ser el impulso o motivación para ministrar la sanidad. El apóstol Paul reitera esto por su declaración en 1 Corintios 13: 1-3 (NTV)

Si yo pudiera hablar todos los idiomas del mundo y de los ángeles pero no amara a los demás, yo sólo sería un metal ruidoso o un címbalo que resuena. Si tuviera el don de profecía y entendiera todos los planes secretos de Dios y contara con todo el conocimiento, y si tuviera una fe que me hiciera capaz de mover montañas, pero no amara a otros, yo no sería nada. Si diera todo lo que tengo [incluyendo mi tiempo] a los pobres [incluyendo a los pobres en salud]] y hasta sacrificara mi cuerpo,[a] podría jactarme de eso; pero si no amara a los demás, no habría logrado nada.

Permita que al Espíritu Santo ministre a través de usted fácilmente y sin impedimentos surgidos del miedo, la conciencia de pecado, motivos ocultos, la auto-suficiencia u orgullo. Recuerde que Jesús sana por su gracia y recuerda que ese público de una sola Persona es, en realidad, el único que importa.

Diligencia en buscar del Señor como el uno y verdadero público aporta la oportunidad de comprender mejor y la veracidad necesaria para la autenticidad en el Ministerio.

Entender el ministerio del Señor y su gracia, le ayudará a enfocarse en el sacrificio de Jesús en lugar de su fe o sus obras. "Porque por gracia sois salvos por medio de la fe; y esto no de vosotros, pues es don de Dios; no por obras, para que nadie se gloríe" (Efesios 2:8-9).

La sanidad, como la salvación, es el resultado de la gracia de Dios. Recuerde Romanos 8:1-4.

Ahora, pues, ninguna condenación hay para los que están en Cristo Jesús, los que no andan conforme a la carne, sino conforme al Espíritu. Porque la ley del Espíritu de vida en Cristo Jesús me ha librado de la ley del pecado y de la muerte. Porque lo que era imposible para la ley, por cuanto era débil por la carne, Dios, enviando a su Hijo en semejanza de carne de pecado y a causa del pecado, condenó al pecado en la carne;[prohibiendo la enfermedad a reinar mas] para que la justicia de la ley se cumpliese en nosotros, que no andamos conforme a la carne, sino conforme al Espíritu.

Cuando sienta la tentación de la duda respecto de la importancia de su sacrificio, en especial cuando se enfrentes a dificultades y tribulaciones personales, repasa las palabras de Jesús: *"De cierto os digo que en cuanto lo hicisteis a uno de estos mis hermanos más pequeños, a mí lo hicisteis"* (*Mateo 25:40*. Ha de saber que el Padre ve cada uno de sus esfuerzos como conducto mediante el cual Él puede ministrar a los quebrantados y los que sufren, y que lo toma muy en serio.

Los hospitales están llenos de personas enfermas en sus cuerpos, sus mentes y sus espíritus. Los hospitales son un campo, listo para la cosecha, y usted es uno de los obreros de la mies que el Padre anhela usar. Su ministerio es necesario por Aquel, que también lo aprecia, y que se afirma. *"Pero sin fe es imposible agradar a Dios; porque es necesario que el que se acerca a Dios crea que le hay, y que es galardonador de los que le buscan"* (*Hebreos 11:6*). Su humildad y sinceridad en el ministerio surgirá de su diligencia para buscar al Señor como esa sola Persona en que consiste su público.

El mantener una presencia fiel, perdurable, sincera y que consuele al paciente es algo digno, desinteresado y espiritual, de lo que suele apartarse el orgulloso, el que finge, el que está crónicamente ocupado o quien no tiene un corazón firme. Pero, no se canse de hacer bien. A su debido tiempo, cosechara numerosas bendiciones. La gracia de Dios le permitirá que no desmayarse *(Gálatas 6:9).*

"Y todo lo que hagáis, hacedlo de corazón, como para el Señor y no para los hombres; sabiendo que del Señor recibiréis la recompensa de la herencia, porque a Cristo el Señor servís" (Colosenses 3:23-24).

Gracias *por haber comprado el* *Manual del ministro para visitar hospitales.*

Con toda certeza Jesús aprecia su interés en aprender más acerca del consuelo y la alegría que su presencia les brinda a los que sufren de una enfermedad.

El **Manual del ministro para visitar hospitales** es parte de un programa de capacitación para líderes diseñados para preparar líderes en varios aspectos del servicio al Cuerpo de Cristo y a la comunidad.

Para más información acerca de los talleres y sesiones de entrenamientos más intensos para usted o sus líderes, por favor, contáctenos a Leaders@HospitalVisitations.com.

Copias adicionales de este libro pueden ser obtenidas de su tienda de libros local, en línea o en nuestro sitio de web a www.HospitalVisitations.com/español.

Recursos

Directivas avanzadas

Asociación de Abogados de los EE.UU
(The American Bar Association)

740 15th Street, N.W.
Washington, DC 20005
800-285-2221

o

321 North Clark Street
Chicago, IL 60654
312-988-5000
http://www.americanbar.org

Registro de Testamentos en Vida
(U.S. Living Will Registry)

523 Westfield Ave., P.O. Box 2789
Westfield, NJ 07091-2789
1-800-548-9455
http://www.uslivingwillregistry.com
www.uslivingwillregistry.com/espanol.shtm

Dar cuidado

Administration on Aging

Washington, DC 20201
Office of the Assistant Secretary for Aging:
Public Inquiries: (202) 619-0724, (202) 401-4634
http://www.aoa.gov/AoARoot/index.aspx

Care Giving Help

3003 W. Touhy Avenue
Chicago, IL 60645
Teléfono 773.508.1000   Fax 773.508.1070
http://www.caregivinghelp.org/contact

"Ayuda para los Cuidadores: Una Guia de Centro de Recursos para Cuidadores de Los Ángeles"

http://lacrc.usc.edu/damcms/sitegroups/SiteGroup1/files/factsheets/Quick%20Tip%20Sheets/Spanish/Help%20for%20Caregivers_Spanish.pdf

Centro de Recursos para Cuidadores de Los Ángeles

Los Angeles Caregiver Resource Center
(LACRC)
3120 N. Clybourn Ave
Burbank, CA 91505
Phone: 213) 821-7777, (818) 847-9141 o
1(800) 540-4442 (en CA)
FAX: (818) 847-9149
Email: lacrc@picf.org
http://lacrc.usc.edu/caregiver.php#c23

United States Department of Veterans Affairs Caregiver Support

810 Vermont Avenue, NW
Washington, DC 20420
1-800-827-1000 / TDD 1-800-829-4833
http://lacrc.usc.edu/damcms/sitegroups/SiteGro
up1/files/factsheets/Quick%20Tip%20Sheets/Sp
anish/Help%20for%20Caregivers_Spanish.pdf

Centros para el Control y la Prevención de Enfermedades

Centros para el Control y la Prevención de Enfermedades

1600 Clifton Rd.
Atlanta, GA 30333, USA
800-CDC-INFO (800-232-4636) Línea TTY:
(888) 232-6348 las 24 horas/todos los días
http://www.cdc.gov/spanish/

Información Acerca de los Seguros de Vida y de Salud

Departamento de Salud y Servicios Humanos, EE. UU.

200 Independence Avenue, S.W.
Washington, D.C. 20201

http://www.cuidadodesalud.gov/enes/using-insurance/medicare-long-term-care/index.html

http://www.cuidadodesalud.gov/enes/using-insurance/managing/index.html

La Centros de Servicios de Medicare y Medicaid (CMS)

7500 Security Boulevard
Baltimore MD 21244-1850
1800-633-2273
http://es.medicare.gov/navigation/medicare-basics/medicare-basics-overview.aspx

http://www.medicare.gov

http://www.cuidadodesalud.gov/enes/using-insurance/medicare-long-term-care/index.html

Departamento de Asuntos de Veteranos
(U.S. Department of Veterans Affairs)

810 Vermont Avenue, NW
Washington, DC 20420
1-800-827-1000
http://www.vba.va.gov/vba/espanol/factsheets/#BMA

Seguro de vida para veteranos
(Veterans' Life Insurance)

Service members and/or Veterans Group Life Insurance Program 1-800-419-1473

1-800-669-8477
http://www.va.gov/

http://www.vba.va.gov/VBA/espanol/factsheets/insurance/SGLIsp_0906.doc

Información y Servicios de Hospicio

7500 Security Boulevard
Baltimore, MD 21244-1

http://www.medicare.gov/publications/pubs/pdf/sphosp.pdf

(Publicación No. HCFA 10951 Revisado en agosto de 1999)

Hospice Foundation of America

Rhode Island Ave, NW
Suite 400
Washington, DC 20036
(800) 854-3402 or (202) 457-5811
http://www.hospicefoundation.org.

Organización nacional de hospicios y cuidados paliativos
(National Hospice and Palliative Care Organization)

1731 King Street, Suite 100
Alexandria, Virginia 22314
(800) 658 -8898 or 703/837-1500
http://www.nhpco.org

http://www.nhpco.org/i4a/pages/index.cfm?pag eid=3310

Servicios de donación de órganos y trasplantes

Done Vida de Estados Unidos
(Donate Life America)

701 E. Byrd Street
16th Floor
Richmond, VA 23219
(804) 377-3580

http://www.donevida.org/donante/
donatelifeamerica@donatelife.net

Biblioteca Nacional de Medicina de EE.UU.
(U.S. National Library of Medicine)

8600 Rockville Pike
Bethesda, MD 20894
http://www.nlm.nih.gov/medlineplus/spanish/o
rgandonation.html

Programa educativo nacional de trasplante de órganos y tejidos en menores
(The National Minority Organ and Tissue Transplant Education Program)

903 D Street- 2nd Floor
Washington, DC 20002-6127
240 280 9410
http://www.mottep.org/

The U.S. Department of Health and Human Services

200 Independence Avenue, S.W.
Washington, D.C. 20201
Toll Free: 1-877-696-6775
http://www.organdonor.gov

y

"Donación de órganos: Un artículo de United Network for Organ Sharing, National Institutes of Health, Health Resources and Services Administration/Department of Health and Human Services"

http://jama.amaassn.org/content/suppl/2008/02/12/299.2.244.DC1/pdfpato10908.pdf

Centro de asistencia al donante vivo (National Living Donor Assistance Center, NLDAC)

2461 S. Clark Street, Suite 640
Arlington, VA 22202
Phone: 703.414.1600
Toll Free: 888.870.5002
http://livingdonorassistance.org/

The National Minority Organ and Tissue Transplant Education Program

903 D Street- 2nd Floor
Washington, DC 20002-6127
240 280 9410
http://www.mottep.org/

Junto a su equipo de trasplante: Guía para el paciente (Partnering With Your Transplant Team: A Patient's Guide to Transplantation)

Un folleto preparado por la United Network for Organ Sharing (UNOS)
http://optn.transplant.hrsa.gov/ContentDocum
ents/PartneringWithTransplantTeam_508v.pdf

National Council on Aging: National Center for Benefits Outreach & Enrollment

1901 L Street, NW, 4th Floor
 Washington, D.C. 20036
202.479.1200
http://www.benefitscheckup.org/

La Administración del Seguro Social de los EE. UU.

La Oficina de Preguntas del Público en General (Office of Public Inquiries)

Windsor Park Building
6401 Security Blvd.
Baltimore, MD 21235
1-800-772-1213, TTY al 1-800-325-0778
http://www.ssa.gov/espanol

Índice

www.ingramcontent.com/pod-product-compliance
Lightning Source LLC
Chambersburg PA
CBHW070957040426
42443CB00007B/543